Silvia Wobschall

Abou findet seine Menschen

Abou findet seine Menschen

Eine herzzerreißende Tiergeschichte aus Syrien

Herstellung und Verlag:
BoD – Books on Demand, Norderstedt
ISBN: 978-3-7494-9719-5

Bisher von

Silvia Wobschall

erschienen:

Mein Leben mit den
Samtpfoten

Ein cleverer Kater
namens Jack

Kapitel 1

Abou findet ein Zuhause

Es begann alles in einem fremden, fernen Land mit Namen Syrien.

Dort lebte die Familie Samirius mit ihren 3 Kindern Alia, Aloe und Enis in Aleppo, einer Stadt im Norden Syriens.

Es gab da eine Zitadelle, die immer noch steht, und in den Gängen schlich ein halb verhungerter, roter Kater mit zerrupftem Fell umher, in der Hoffnung, jemandem zu begegnen, der Katzen mag.

Enis spielte dort oft, nahm ihn einfach mit, deckte ihn mit seinem Shirt zu und rannte blitzschnell nach Hause, wo die Schwestern und Eltern erstaunt reagierten, ach wie süß, die eine, oh Gott, jammerte Mutter Esma, wir sind doch schon 5 Esser und wohin mit ihm? Aber Enis weinte und bettelte und schließlich war das Eis gebrochen und der Kater durfte bleiben.

Man reichte ihm ein Schälchen mit etwas Milch und Reis mit einigen Sardellen darin, mehr gab es heute nicht. Ratz fatz war alles leer und zufrieden rollte sich das kleine Fellbündel zusammen und legte seinen dünnen Körper unter den Tisch, schnurrte und schlafen war angesagt. So vergingen wundervolle Tage, Wochen und Monate für den kleinen Kerl, der schnell heranwuchs und sogar eine Nummer ins Ohr bekam, als man ihn mit einem Jahr kastrieren ließ. Inzwischen hatte er einen wunderschönen Namen wie Abou, das heißt, er sucht das Glück. Ja, glücklich war er, ganz gewiss und nie mehr allein. Die Familie wohnte in einem einfachen, schlichten Haus mit 3 Zimmern, oft gab es keinen Strom und im Hof war ein Brunnen, woher das Wasser kam. Frau Esma half auf dem Wochenmarkt und ihr Mann Hakim, das übersetzt, bedeutet „der Weise", fuhr immer einen kleinen Transporter mit Lebensmitteln täglich in die nächste Stadt. So kamen sie meistens über die Runden. In dem kleinen Garten hinterm Haus baute Fr. Samirius ihr eigenes Gemüse und Obst an, wie Bohnen, Okraschoten, Quitten, Trauben und Aprikosen, auch Thymian, Malve und Minze gab es reichlich.

Die beiden Mädchen Alia, das bedeutet im Deutschen die „Erhabene", so tat sie auch oft, war 6 und Aloe, „die Pflanze", ganz schlicht, war 7, gingen zur Schule am Ort und Enis erst 5, das Nesthäkchen, musste immer mit der Mutter zum Markt mitgehen. Enis, wieder übersetzt, heißt ganz einfach „der Freund". Einen Kindergarten konnten sie sich nicht leisten. Jetzt, wo Abou mit von der Partie war, blieb Enis schon mal allein zu Hause und es verging kein Tag, wo die beiden nicht tollten und spielten. Es war ein schönes Bild, zu sehen, wie das rote Fellbündel und der übermütige, kleine Junge mit den großen braunen Kulleraugen vor der Tür schmusten und fangen spielten. Blieb noch offen, wer wen jagte und fing. Der Sommer war sehr heiß bis 40 Grad, und der Sand wehte aus der Wüste durch das Land, man nennt sie die Khamsiu-Winde.

Es war das Jahr 2011 und nichts mehr sollte so friedlich und harmonisch bleiben wie jetzt. Es herrschte plötzlich Bürgerkrieg, ganze Fabriken, Schulen, Krankenhäuser und Wohnhäuser wurden von den Rebellen bombardiert. Viele Menschen mussten von heute auf morgen flüchten und ihr so heiß geliebtes Aleppo verlassen.

Wenn man die Geschichte über Syrien verfolgt, allein der Bibel allein Glauben schenkt, soll unter König David die Stadt Damaskus seinem Großbereich angegliedert worden sein und blieb bis zum Ende des 2. Jahrtausend v. Christus in ägyptischer Hand. Die Ägypter haben nach Eroberungszügen im heutigen Syrien die Stadt Damaskus als Stadtstaat erwähnt. Ob es Thutmosis oder die Pharaonen waren, es gab immer Krieg um Syrien.

2012 eskalierte die Situation und unsere liebe Familie Samirius wollte ganz einfach nur weg Richtung Türkei über Ankara, dann nach Griechenland, Österreich und letztlich Deutschland. Man kannte einen entfernten Onkel deutscher Herkunft und irgendwie war er doch mit der Familie verwandt. Was soll ich sagen, man überlegte nicht lange und nahm nur das Nötigste, sein Hab und Gut mit und die Reise ging fortan ins Ungewisse. Durch die Bomben und den lauten Krach war unser roter Tiger Abou nicht mehr zu sehen, einfach in Luft aufgelöst. Enis weinte und schluchzte, die beiden Mädchen versuchten, ihn zu trösten, dabei rollten auch bei ihnen die Tränen und selbst Vater Hakim blieb nicht ungerührt, aber es half nichts, sie mussten weg und zwar schleunichts. Das Boot wartete schon und für Trübsinnigkeiten blieb keine Zeit. Die Mutter versicherte ihrem kleinen Jungen immer wieder, dass es Abou bestimmt gut ginge und er sich versteckt habe. Aber auch das half nur vorübergehend, zu tief saß der Schmerz bei Enis über den Verlust seines wuschligen Zeitgenossen, Spielkameraden, Schmusekater. Aber er war ein kleiner Junge und musste seinen Eltern gehorchen und überhaupt, er konnte doch nicht alleine zurückbleiben, bei den Rebellen und Soldaten.

Es war unendlich laut in Aleppo, man hörte immer wieder Sirenen, Geschrei, Schüsse, Explosionen, mehrere ganze Reihen von Wohnhäusern, Krankenhäusern, Fabriken,Läden,stürzten zusammen ,

man sah ganz viele weinende, kreischende Menschen quer Beet laufen.

Panik und Entsetzen in den Gesichtern der Flüchtenden, viele Verletzte und Tote lagen in den Straßen, Krankenwagen, Sirenen, schrecklich!

Die Stadt glich einem Trümmerhaufen und wo war bloß Abou, unsere Samtpfote?

Das Tosen und Brausen des Meeres überspielte das Weinen und Gezeter der in Angst versetzten Menschen, die nur ein Ziel hatten, fort und weg von hier. Das Schiff war schon da und ungeduldige Helfer, so gaben sie sich aus, drängelten zur Abfahrt.

Man zählte nicht die Personen, nur eines stand fest, ungefährlich war dieses Manöver auf keinen Fall. Unsere so glückliche Familie hatte all ihr Erspartes und noch vom Onkel in Deutschland Geld bekommen, in dieses gefährliche Abenteuer gesteckt, wo man nicht weiß, wie es ausgehen würde.

Nachdem sich Enis ein wenig vom vielen Weinen erholt hatte, rief er immer wieder seinen Kumpel „Abou, wo bist Du, wo steckst Du, hörst du mich denn nicht"?

Dann erstickte seine Stimme im Krach und es kullerten neue dicke Tränen, ein Anblick, der einem das Herz zerriss.

Wie soll auch ein kleiner Junge von 5 Jahren verstehen, warum er flüchten muss und seinen geliebten Freund zurücklassen, vielleicht ihn nie wieder sehen wird?

Aber nun blieb keine Zeit mehr, ihn zu suchen, wo denn auch?

Das Schiff legte vom Pier ab und man hatte Glück, es war nicht zu stürmisch, das Mittelmeer. Man konnte die Insel Zypern sehen, so klar war der Himmel trotz Bomben und Schüsse.

Das Ziel war jedoch erst einmal die Türkei, Ankara, grenzt ja direkt ans Land, dort in Adiyaman war das Lager, das erste Ziel.

Ungefähr 100 Menschen befanden sich an Bord, viel zu viel für dieses marode Gefährt auf dem Wasser, aber im Krieg fragt keiner danach, will sein Leben retten und das seiner Lieben.

Kapitel 2

Abou irrt umher

Plötzlich sah man einen roten Schwanz, der sich in den Gängen der
Zitadelle bewegte, es war unser roter Freund Abou. Er war unversehrt, die Zitadelle auch, aber jetzt doch wieder ohne Familie. Er war noch mal zum Haus zurückgekehrt und fand dort niemanden, der ihn vermisste. So roch er in allen Ecken und an den Möbeln, die noch standen, aber keine Spur von Enis und Familie. Er schnüffelte rechts und links, auch im Garten, aber kein vertrautes Stimmchen, welches nach seinem Namen rief. Zum Glück stand noch sein Fressnapf mit dem Futter von heute morgen, natürlich konnte er das nicht verschmähen, rein damit.

Plötzlich, da ein Geräusch, es kam direkt auf ihn zu. Ein Soldat guckte in seine Richtung und hatte das Gewehr schussbereit in der Hand. Als er aber den kleinen Kerl so fressen sah, überkam ihn eine rührende Woge von Sanftheit und konnte unmöglich auf Abou zielen, nein, auf keinen Fall!

„Sieh zu, dass Du weiterkommst, versteck Dich, sonst werden sie Dich töten, mach geschwind!"

Als ob unser Vierbeiner alles verstand, schlang er noch den letzten Bissen runter und schlich ganz vorsichtig in Richtung Meer. Wenigstens für heute war der Hunger gestillt, aber was ist morgen, und was gibt es übermorgen zum Frühstück?

Mäuse, aber auch die werden bei diesem Lärm nicht aus ihrem Loch kommen. Katerchen sinnierte und kroch ganz langsam den Strand entlang, der Wüstensand machte ihm zu schaffen. Es war noch Spätsommer und sehr warm. Ab und zu kamen Bäume, Sträucher und Palmen, auch eine Aloe, da konnte er dann Flüssigkeit tanken. Selbst ein kleiner, syrischer Kater weiß, dass diese

Pflanze Flüssigkeit spendet und zum Überleben musste er sich so behelfen.

Man weiß nicht, wie viel Zeit verging, aber irgendwie verspürte er ein Hungergefühl und es dämmerte langsam. Abou hatte Kohldampf und nichts in Sicht, kein voller Fressnapf, keine Maus oder sogar die beliebte Schale mit Reis, die mochte er besonders. Was sollte er bloß anstellen, um an Futter zu gelangen? Hier am Strand war er zumindest vor der Knallerei und den Bomben sicher, glaubte er und den Mut, wieder zurück in die Stadt, hatte er noch nicht.

Da, was kam blitzschnell angerannt, ein schwarzes Häufchen Fell? Ein kleiner, herrenloser Hund beschnupperte Abou vorsichtig, dieser fauchte sehr aufdringlich, aber als er sah, dass dieses Büschel genauso erschrocken war wie er, sprach er ihn an. Bist Du auch abgehauen und geflüchtet und haben Dich deine Leute vergessen?

Wau wau, gab es zur Antwort und ein klägliches Gejaule folgte. Also was ist los Kumpel? Sie haben mich nicht vergessen, ich bin auch nicht herrenlos, meine Menschen sind noch in Aleppo, haben sich versteckt zwischen den Häusern und Trümmern. Ich bin schnell weg, um Hilfe zu holen, aber ich sehe schon, hier ist niemand.

„Bin ich niemand"? erwiderte unser roter Tiger.

Und was treibst Du ganz allein hier? Nun ja, meine Familie ist mit einem Schiff unterwegs, ich bin abgehauen, als die Bomben fielen. Jetzt sind sie ohne mich weg, aber ich will hinterher, muss nur Menschen finden, die mich mit dem nächsten Boot mitnehmen. Du solltest auch jemanden finden, die Deine Familie mitnehmen. Wir können es ja gemeinsam versuchen, was meinst Du?

Ich heiße übrigens Abou und Du? Sie rufen nur Wuff, das war's, kurz und bündig. Sie haben mich vor einiger Zeit am Strand gefunden, wo ich fast ertrunken wäre. Nun ja, ich lief mit und eigentlich sind sie gar nicht so übel, kriege mein Futter und Wasser und ich passe immer auf das Haus auf.

Ich bin kein Rassehund, so ein Mischmasch eben.

Wollen wir wieder einen Treffpunkt ausmachen für das nächste Mal? Okay, also morgen sehen wir uns hier wieder, gleich morgens, bevor die Sonne

aufgeht. Ich lauf jetzt zurück zu Fawad und Fadila und berichte von Dir und Deinem Vorschlag. Dann bis morgen, mach's gut und pass auf Dich auf! Hey, Du auch! Die beiden Eheleute hatten keine Kinder, waren noch jung und so war die Flucht wohl etwas leichter.

Zusammengekauert saßen beide hinter ihrem kleinen Häuschen, das nicht ganz zerstört wurde. Sie konnten noch gerade rechtzeitig raus und hatten

Glück, sie waren unversehrt. Auch ihr Liebling Wuff, der nach Hilfe suchte.

Beide strahlten vor Erleichterung, als sie ihren vierbeinigen Liebling sahen und er ihnen die Botschaft brachte. Er bellte ganz leise und erzählte von seiner seltsamen Begegnung mit der roten Katze. Fawad und Fadila fanden die Idee, nun doch abzuhauen, gar nicht so schlecht, aber wo finden wir die richtigen Helfer? Geld hatten beide nicht, sie waren gerade im 2. Semester und studierten Pädagogik. Dort an der Uni hatten sie sich auch lieben und kennengelernt. Das kleine Häuschen konnten sie mietfrei nutzen, es gehörte einem Cousin, der in Amerika durch Kalifornien reiste, ein Abenteurer mit einem kleinen Wohnmobil und Herz. Er brauchte nicht viel zum Leben und hatte sich einen Traum erfüllt.

Im Haus befand sich doch noch etwas Brauchbares zum Essen, auch für Wuff, einige Konserven blieben unversehrt und nun war zumindest eine
Mahlzeit gerettet. Aber dort konnten die 3 nicht bleiben, wenn die nächsten Angriffe kämen. Fawad erinnerte sich an einen alten Schiffsbauer am Hafen, vielleicht hätten sie da eine Möglichkeit, ein Boot zu bekommen und raus aufs Meer. Natürlich mit Wuff und warum sollte man den roten Tiger nicht mitnehmen?

Er war ja nicht so groß und alle wollten ihn unmöglich wieder allein zurücklassen. Fadila besaß eine alte Taschenuhr, vergoldet und eine Goldkette 585 er, beides könnte man zum Bezahlen nehmen.

So beschlossen sie, wenn es dämmerte, mit dem nötigsten zum Hafen zu eilen. Wuff beteuerte aber, dass er auf jeden Fall die Verabredung mit seinem neuen Freund Abou einhalten werde am nächsten Morgen. Die Dämmerung kam und alle 3 erreichten den Hafen, lauter alte Boote, Kanus, sogar ein Katamaran und einige kleine Yachten lagen dort vor Anker. Auch ein uraltes Hausboot war noch nicht zertrümmert, dort musste der alte Fischer sein und wohnen. Sie hatten Glück, er war in seinem Hausboot und sie durften sich erst einmal verstecken. Auch eine Suppe gab es und für Wuff sogar eine Schale Reis mit Brühe. Das Dach des Bootes war aus Metall und hatte nicht viel Holz als Material, und da es so alt und schäbig von außen aussah, vermutete man drinnen niemanden. Malik, so hieß der alte Mann, erzählte von vergangenen Zeiten und er versprach, zu helfen. Ein Lichtblick für die 3 und auch für Abou??

Kapitel 3

Eine gewagte Flucht

Jetzt waren wir auf dem Schiff der Familie Samirius, wieder viel zu viele Menschen auf diesem Tanker, aber zumindest hatte sich das Meer beruhigt, und es stürmte nicht mehr so doll. Hakim und seine Frau Esma waren heilfroh, ohne großen Schaden dort zu sein. Sie haben nur das Wichtigste zum Überleben mitgenommen. Enis war immer noch traurig, seinen geliebten Abou nicht mehr im Arm zu halten. Viele andere Passagiere, die durcheinander redeten und weinten, überhallten zeitweise sein Schluchzen. Er wollte nichts essen, einfach nur traurig sein. Auch Vater Hakim, der das schon gar nicht mehr mit ansehen konnte, wusste sich keinen Rat mehr. Enis war sein einziger Sohn und er kam so sehr nach seinem Vater im Wesen und Charakter, ein tapferer Mensch mit vielen Emotionen, Stolz, Dankbarkeit, Großzügigkeit und Intelligenz. Der kleine Kerl hatte soviel davon und Vater Samirius tröstete ihn mit den Worten: „Du wirst sehen, mein Sohn, Abou wird uns finden, er hat dich vor 2 Jahren in der Zitadelle gefunden und er ist ein schlaues Kerlchen, warte nur ab, bald seht ihr euch wieder." Das Boot schaukelte hin und her und Enis Schwestern Aloe und Alia waren eingeschlafen. Zu anstrengend waren die letzten Stunden, Mutter Esma hielt sie im Arm. Wo ging die Reise hin? Wenn alles nach Plan verliefe, wären sie in einigen Stunden in Ankara, dort gab es ein Auffanglager, sicherlich auch was zu essen und Wasser. Es war immer noch sehr heiß und die Sonne schien auf die angsterfüllten Gesichter der Großen und Kleinen, alle Flüchtlinge waren voller Hoffnung auf ein neues Leben. Einige hatten es auch geschafft, ihren Hund oder Vogel mitzunehmen.

„Warten wir es ab, was uns die nächsten Stunden für Überraschungen bereiten ", so dachte Vater Hakim für sich.

Mutter Samirius sang ganz leise ein altes syrisches Kinderlied und nach kurzer Zeit schlief auch Enis tief und fest, und immer noch lief eine Träne im Schlaf die kleine Wange herunter. Ganz rot waren seine Bäckchen und die Erschöpfung von dem Kummer, man sah sie ihm an. An Bord befanden sich auch viele andere Kinder und alte Menschen, man spürte ihre Sorgen und Ängste, aber auch Hoffnung und Zuversicht spiegelten sich in den Gesichtern wieder. Jeder hatte seine eigenen Gesichtszüge, seine Augenfarbe und die meisten hatten dunkle schöne Haare. Es gab auch vereinzelt mal ein helles braun, die Natur eben!

Kapitel 4

Fawad und Fadila

Das junge Pärchen mit ihrem wuscheligen Wuff übernachtete erst einmal bei Malik, dem das marode Hausboot gehörte. Er war glücklich und zufrieden und wo sollte er auch in seinem Alter noch hin. Mir werden sie schon nichts antun, ich bin sehr betagt, schon über 90 und weise und hatte ein erfülltes Leben. Viele nette Menschen hatten ihn auf seinem Schiff besucht, als er noch jünger war, von seiner Vergangenheit wollte er allerdings nichts preisgeben.

Am nächsten Morgen, Wuff war mit Abou verabredet, wedelte er kurz mit dem Schwanz und leises Bellen, darauf „ich bin dann mal weg", seine Menschen hatten ihn verstanden. Schnell rannte er zum Treffpunkt und dort war auch schon Abou.

Wir haben die Lösung, mein Freund, komm einfach mit. Beide schlichen Richtung Malik, eigentlich schleichen Hunde nicht, aber er machte es dem Kater einfach nach und schon waren sie am Hafen. Fawad und Fadila nahmen den herzigen Kater mit an Bord und begrüßten ihn, als gehöre er schon immer zur Familie.

Der alte Schiffsbauer wollte bis morgen ein Boot auftreiben, welches nicht so groß war wie die anderen Tanker und Schiffe, aber man konnte damit einigermaßen sicher in die Türkei gelangen. Zwei weitere Pärchen, auch mit Kindern, wären noch an Bord und brächten auch Proviant und Wasser mit. Fadila gab dem Alten ihren kostbaren Schmuck und die Uhr und damit begann ein neues Kapitel auch in deren Leben. Eine Fahrt ins Ungewisse oder doch in eine neue schönere Zukunft? Wir werden es sehen!

Der nächste Tag war da und die Sonne ging auf, es war spätsommerlich warm, gute 25 Grad. Alle im Hausboot waren wach und zuversichtlich an diesem großen Morgen, an dem sie eine lange Reise planten.

Malik hatte es doch geschafft, ein Boot aufzutreiben, wo alle Mann und Hund mit Katze Platz hatten. Es war eine größere alte Yacht von 10 m, auch mit Motor, was natürlich schneller ging. Unser junger Student hatte einen Bootsführerschein und so begann nach kurzer Aufregung die Schiffsfahrt in die Türkei. Winken und Verabschieden von dem alten Schiffsbauer, der zufrieden und doch etwas bange zu seinem Boot heimkehrte.

Kapitel 5

Familie Samirius erreicht ihr Ziel

Es waren einige Stunden auf dem brausenden Meer vergangen und es gab keine unvorhersehbaren Zwischenfälle, alle wohlbehalten an Bord. Die 40 Anwesenden waren nicht verletzt, auch nicht verhungert, jede hatte doch das Nötigste zum Essen und Trinken mitnehmen können, auch etwas Kleidung, mehr aber nicht. Es gab sogar einen Arzt an Deck und er konnte kleine Wehwehchen wie Übelkeit mit Erbrechen, auch Fieber und Durchfall behandeln. Enis hatte zeitweise erhöhte Temperatur, aber seine Mutter kümmerte sich liebevoll um ihren kleinen Sohn. Auch seine Schwestern machten ihm wieder Mut und wenn er im Schlaf den Namen Abou rief, wussten sie, er hat wieder mal von seinem kleinen Kater geträumt. So war das Ziel jetzt nahe und das Schiff legte im Hafen vor Anker. Wie man immer wieder hörte, waren es meist Schlauchboote, dieses aber nicht.

Unsere Flüchtlinge wurden weiter nach Adiyaman geleitet, das so genannte Lager, welches als kurze Zwischenstation dienen sollte. Heute gibt es diese Auffanglager nicht mehr, da sich die politische Situation in Syrien verändert hat und es zu einem Waffenstillstand kam. Man möchte gar nicht darüber nachdenken, was bis 2018 alles in Syrien, in der Türkei und Griechenland geschah, überfüllte Lager, Krankheiten und überall fehlte es an Allem.

Hier, noch 2012, gelang es vielen auf diesem Schiff, eine weitere Reise nach Deutschland. Eine neue Existenz vielleicht und ein anderes fremdes Leben in einem Land, welches nicht ihre Heimat war. Aber viele konnten sich glücklich schätzen, als komplette Familien zusammenzubleiben. Wie auch unsere 5 Samiris, Hakim, Esma, Aloe, Alia und Enis. Da sie in einfachen Verhältnissen lebten, gab es nie einen Computer oder sogar ein Handy.

Das wäre purer Luxus gewesen, den sie sich nie leisten konnten. Deshalb war es schwierig, ihren Onkel Ibrar in Deutschland anzurufen, in einem kleinen Städtchen nahe bei Hamburg. Vielleicht später, um ihm alles zu berichten. Hier im Lager bekamen sie erstmal was zu essen und zu trinken. Die Schlafplätze waren die Katastrophe, alle sehr eng bei einander, es war ungemütlich und man fror,

obwohl es Sommer war. Aber unsere lieben 5 waren dankbar und wollten so schnell wie möglich weiter nach Samos, das nächste Ziel und wieder diese Ungewissheit, was sie erwarten würde. Einige Tage, sogar Wochen sollte es dauern, bis es weiter ging. Enis hatte sich inzwischen gefangen und es gab manche Tiere im Lager, eine Ziege, Hühner, Hund, aber eine Katze sah er nicht. Waren die alle bei Abou geblieben? Die armen Wesen, wer versorgt die denn, wenn ihre Besitzer nicht mehr da waren? Und so grübelte der kleine Mann, träumte davon, seinen roten Abou im Arm zu halten. Die Zeit verging wie im Flug und schon waren sie in einem Auffanglager in Ankara. Allerdings trennte man die Lager weit entfernt von den Einheimischen und Touristen machten sich auch rar. Es war ja nicht mehr der so entspannte Badeurlaub, wenn man wusste, dort in der Nähe hausten Flüchtlinge. Enis und seine Schwestern konnten nicht wie sonst umhertollen, vergnügt spielen, aber das Singen, das hatten sie nicht verlernt und so versuchten die 3, ihre Eltern und viele andere unter ihnen, aufzuheitern mit ihren Liedern und Gesang. Nachts, wenn alle eng aneinander schliefen, träumte unser kleiner Mann aus Syrien von seinem pelzigen Kater Abou. Im Traum miaute er und er sprach zu Enis; „sei nicht traurig, bald sehen wir uns wieder, ganz bestimmt". Dann sprang der Kater wild und unbändig hin und her, so wie er es mit seinem kleinen Besitzer immer tat. Lustig, aufregend und emotional. Als Enis dann erwachte, zerplatzte sein Traum wie eine Seifenblase und Abou war weg. Diese Art von Träumen wiederholte sich ganz oft. Manchmal, wenn sein Vater betete, schlich er zu ihm und sprach das Gebet leise mit, immer auch für den roten Tiger. Da es nun hieß, Österreich nähme keine Migranten auf, musste ein neuer Plan her. Aber es sollte alles anders kommen wie geplant!

Jeder Tag verging damit, von schönen Dingen, einer neuen Heimat, gutes Essen, einer soliden Arbeit zu träumen. Das war nicht verboten. Nur so konnte man diesen Aufenthalt ertragen. Inzwischen sprach man mit dem einen oder anderen, der von noch weiterkam, aus Afrika. Was heißt sprechen, oft mit Händen und Füßen sich verständigen. Viele Syrer sprachen syrisch-arabisch, einige auch englisch. Niemand fragte hier nach Bildung, Reichtum, Familienstand, sondern begnügte sich mit der jetzigen Situation, was heute und hier passierte. Karges Essen, keine Extras wie manchmal in Aleppo, wenn Vater Hakim gut verdient hatte und seinen Lieben etwas Schönes mitbrachte. Ein kleines Spielzeug für Enis oder Malhefte für die Mädchen. Manchmal bekam auch Mutter Esma eine Blume, eine Kostbarkeit. Für manche in Deutschland unvorstellbar, weil es täglich diese Dinge zu kaufen gab und gibt. Grübelnd schliefen alle spät in ihren Zelten ein, Angst vor dem nächsten Tag, wo man nicht wusste, wie und was er bringen würde. Zermürbend, aufregend und anstrengend die ungemütlichen Nächte, wilde Hunde heulten in der Ferne. So toll die Insel auch beschrieben wird, für unsere Auswanderer war es nicht die Heimat, keine vertraute Erde, keine lieb gewonnenen Menschen, kein selbst erbautes Heim.

Kapitel 6

Die kleine Yacht mit Abou

Fawad und Fadila, Wuff und Abou fuhren schon Stunden auf dem Mittelmeer und hatten doch unwahrscheinliches Glück mit den Winden. Die anderen Pärchen saßen friedlich in den Kajüten, man sollte nicht gesehen werden. Nicht nur das Glück mit dem Wind, sondern auch keine Bomben oder sonstigen Angriffe gab es. Fawad war ein guter Schiffslotse und konnte auch den Kurs dank Kompass in Richtung Türkei lenken. Gott sei Dank waren noch einige Reservekanister vorhanden, damit man nicht ohne Benzin wäre. Auch, wenn der Motor streiken sollte, dann waren da die Segel und es müsste eben so weiter gehen. Sie fuhren auf dem brausenden Meer und man sah hinüber nach Zypern, es war klarer

Himmel, ein tolles Azurblau. Das Meer spiegelte in der Abendsonne, einfach ein schöner Anblick inmitten dieser gewagten Aktion.

Wie viele hierher schon geflüchtet sind, weiß man nicht genau, aber die Türkei hat weniger Einwohner als Deutschland, hat aber mehr syrische Flüchtlinge.

Nach nicht so langer Zeit erreichte das Boot die Türkei. Man durfte an Land gehen und unsere kleine Familie und noch 2 Pärchen waren heilfroh, unverletzt gelandet zu sein. Auch Wuff und Abou, die nebeneinander gekuschelt lagen, machten sich freudig bemerkbar.

.

Kapitel 7

Fern der Heimat und auf der Suche

Jetzt wurden alle Flüchtlinge aufgeteilt, aber die 4 blieben zusammen, da gab es gar keine Diskussion. Die Zelte waren nicht sehr schön und es strömten aus allen Ecken Menschen verschiedener Hautfarbe, Sprache und Kultur. Aber was macht das schon im Krieg. Jeder will ein sicheres Leben beginnen fern der Heimat und natürlich sitzt die Angst ganz fest in jedem Menschen.

Man fror vor Aufregung, Hunger und Erschöpfung. Auch unsere Abenteurer, nennen wir sie mal so, lebten jetzt in der Hoffnung, freundlich aufgenommen zu werden, und dann sollte die Reise weiter nach Griechenland gehen auf Samos, der wunderschönen Insel im ägäischen Meer. Aber wo bleibt im Krieg schon die Freundlichkeit und Fürsorge, alles ist auf der Strecke. Die freiwilligen Helfer von überall, auch aus Deutschland, waren überfordert und ratlos. Es waren einfach zu viele auf einmal. Die medizinische Versorgung bekamen wirklich nur die Kranken und Verletzten, was ja auch Sinn machte, aber Kinder mit Bauchweh und Zahnschmerzen oder Durchfall mussten warten. Nicht genügend medizinisches Personal war da, zu wenig Medikamente. Dann auch noch einige Geburten. Etliche von den Frauen kamen schon hochschwanger an. Neue kleine Ehrenbürger, die jetzt bereits heimatlos waren.

Wuff und Abou freuten sich über ihre Mahlzeit, es war Reis und es gab Wasser. Man sagt, der Hunger treibt es rein. Wie wahr! Alle Sanitäter und Freiwillige waren am Ende ihrer Kräfte, brauchten auch eine Pause, aber jeder wollte als erster versorgt werden.

Die erste Nacht in dem Zelt von Fadila und Fawad und Hund und Kater verlief etwas unruhig. Schlafen war nicht so wirklich drin, zu viele Geräusche waren in der Luft. Aber endlich schliefen doch alle vier, wenigstens für paar Stunden ein. Wuff schnarchte sehr laut und Abou patschte mit einer Pfote gegen sein Ohr und so ging es die halbe Nacht. Der Morgen kam und etwas verschlafen schauten alle aus dem Zelt, um zu sehen, was es gab. Ein Frühstück vielleicht? Na klar, irgendetwas musste es doch geben und so war es auch. Eine Suppe und sogar Milch wurden angeboten. Die vielen kleinen und großen Bäuche waren erst einmal gefüllt, für einige Stunden und Hund sowie Katze gaben sich zufrieden.

Kapitel 8

Die Familie Samiris auf Samos

Enis und seine Lieben waren nun schon einige Wochen auf Samos, die Sonne schien und das Meer glich einem großen weiten Spiegel. Seine Schwestern Alia und Aloe liefen oft mit ihrem kleinen Bruder zum Strand und sahen aufs Meer hinaus. Oft sprach Enis auch mit dem Wasser und mit Abou. Immer in seinem Herzen verankert, der lustige rote Kater. Aber irgendwie hoffte der Junge nicht nur auf ein Wiedersehen, sondern er wusste und beteuerte immer wieder, ich sehe meinen Abou bald wieder. Selbst zwischen Menschen und Tieren gibt es Telepathie und Gedankenübertragung, auch wenn einige Klugscheisser das Gegenteil behaupten. Telepathie kommt aus dem Griechischen und bedeutet: ein in der Ferne liegendes Ereignis. Es ist die Fähigkeit,

Gedanken und Signale seines Gegenübers zu empfangen, ist nicht an Grenzen gebunden, auch wenn der andere oder das geliebte Tier 100 km entfernt ist. Hakim und Esma hielten sich oft an den Händen fest und beteten zusammen, immer mit dem Wunsch, heil und gesund in die neue Heimat zu gelangen, sie beteten für ihre drei Kinder und Hakim mittlerweile auch für den roten Tiger Abou. Er konnte es schwerlich ertragen, wenn Enis soviel weinte und trauerte. Jeder Tag, der verging, wurde verabschiedet und der neue, der begann, wurde freudig begrüßt und Dankbarkeit, dass man lebte und nicht in Aleppo von einer Bombe getroffen wurde, zeigte sich in vielen Gesichtern. Aber es war nicht die Heimat, man vermisste auch gute Freunde, was war aus ihnen geworden, lebten sie noch? Vielleicht erfuhren sie es nie. Man hatte sich an liebe Nachbarn gewöhnt, der Rest der Familie war irgendwo in einem anderen fernen Land. Aber was half es, zu grübeln, nach vorne schauen und damit die Stunden und das Warten auf eine Weiterreise schneller vergingen, boten Esma und Hakim an, im Lager zu helfen. Wäschewaschen, Medikamente, Essen verteilen und Wasser holen. Enis hatte wieder Fieberschübe und Schüttelfrost. Ein Arzt aus Deutschland untersuchte den kleinen Mann, gab ein fiebersenkendes Mittel. Es war Gott sei Dank keine ernsthafte Erkrankung. Nach einigen Stunden sank die Temperatur und ein Lachen strahlte wieder auf den Wangen des Patienten. Die Sonne ging unter und es war ein schöner Sonnenuntergang, sonnig warm und wieder spiegelten sich Figuren auf dem Meer und die drei Kinder wollten noch nicht in ihr Zelt, nein, sie beobachteten die Wolken und malten Tiere und Sterne in den Sand. Enis malte seinen roten Kumpel und wieder unterhielt er sich mit ihm und sprach ganz leise, „Abou, wo bist Du"?

Kapitel 9

Samos adieu

Der Tag war gekommen, wo es nun hieß, „Samos adieu und willkommen in einem neuen fremden Land". Mit Hilfe einiger anderer Flüchtlinge, die auch weiterwollten, marschierte unsere Familie Samirius durch viele Wälder und am Meer entlang. Ziel war nun das Nord-Mazedonien, über Serbien in den Kosovo, dann nach Slowenien. Aber der Weg war noch beschwerlich. Ein grauer Jeep brachte unsere 5 auf schwierigen, holprigen Straßen in Sicherheit. Die Kinder sangen, Esma und Hakim sprachen ein Gebet. Es vergingen viele Stunden, bis die Fahrt ein Ende hatte.

Zum heutigen Zeitpunkt sind diese Routen nicht mehr erlaubt, aber unsere Geschichte soll auf gar keinen Fall einen politischen Charakter und Hintergrund bekommen, sondern ein herzzereissendes Schicksal beschreiben. Deshalb überspringe „ich"so manches Land und deren Situation. In Mazedonien endlich erschöpft und hungrig angekommen, teilweise auch zu Fuß oder mit einem alten, klapprigen Auto durch schlechte Straßen, Wege und Wälder. Unsere syrische Familie hatte immer einen Schutzengel im Gepäck so wie es sich auch für einen Schutzengel gehört.

Er wird extra vom Universum geschickt und begleitet die Menschen und Tiere in der Not und bewahrt sie vor großen Gefahren. So wie wir uns einen Engel vorstellen, nein, man sieht ihn nicht, aber wer ein feines Gefühl dafür hat und Sensoren, der spürt ihn ganz deutlich.

Kapitel 10

Hoffnung

Alle waren auch diesmal unverletzt angekommen und wieder erschienen mutige Helfer und unsere 5 bekamen zu essen und jede Menge Wasser und Tee zu trinken und einen Schlafplatz. Die Menschen um sie herum waren freundlich, auch viele von ihnen kamen von woanders her, aus Albanien, eines der ärmsten Länder Europas, dann aus Afrika und Syrien. Durch die verschiedenen unterschiedlichen Sprachen gab es ein Wirrwarr, mit Händen und Füßen wurde gesprochen, gealbert, geweint, gesungen und manchmal sogar gelacht. Hakim und Esma dankten ihrem Gott, nein es sollte heißen, " danke dir, lieber Gott". Liebevoll umarmten sie ihre drei Kinder und auch die einheimischen und fremden Leute in ihrer Nähe. Alia, Aloe und Enis hatten diesmal keinen Strand zum Spielen, kein Meer, auf welches sie wehmütig schauen konnten, leider nein, hier war alles anders, schlichter. Viele armselige Hütten, einfache Holzhäuser und Steinbauten. In dieser Stadt, wo sie zurzeit sie jetzt weilten, gab es keinen Reichtum, Essen und Trinken im Überfluss. Einige der Bewohner hatten selbst nicht genug zu essen und trugen ihre Kleidung schon etwas länger, man sah es an den Stoffen, verwaschen und abgetragen. Nicht in jedem Ort ist es so, aber auf der Welt gibt es immer arm und reich nebeneinander. Sei es auf der ganzen Welt wie in Amerika, Europa oder auch Deutschland. Müde von der Begrüßung und anstrengenden Route schliefen unsere fünf ein. Für diese Nacht war es eine Holzhütte nahe am Waldrand mit einem Brunnen, keinem fließenden Wasser, natürlich auch keinen Strom, nur Petroleumlampen, Kerzen und einen Kamin, in dem das glühende Holz lag. Immer musste neues dazu kommen, damit das Feuer nicht erlosch. Mit einigen Decken begnügten sich die Samiris, ein zufriedenes Lächeln breitete sich auf ihren Gesichtern aus. Wieder war ein aufregender Tag vergangen. Inzwischen zeigte sich der Herbst mit seinen Stürmen und bunten Blättern und auch manchen Regenschauern. Um vor dem Winter noch an sein gewünschtes Ziel zu gelangen, es hieß Deutschland, mussten noch einige schwierige Hürden, Wege und Hindernisse überwunden werden.

„In dieser Geschichte geht es nicht um Pässe und gesperrte Grenzen, es soll trotz aller Traurigkeit dieser Behördenmist nicht erwähnt werden. Es geht um Menschen, die einfach eine neue Heimat suchen und um einen kleinen syrischen Jungen, der seinen Kater unendlich vermisst". Alles andere wie Immigration und Aufenthaltsgenehmigung wird sich finden, denn unsere beiden, Hakim und Esma wollen arbeiten und Geld verdienen, das steht fest.

Ein neuer Tag, ein neuer Morgen! Alia und Aloe waren damit beschäftigt, sich die Haare zu waschen und eine vernünftige Frisur daraus zu zaubern und zu machen. Beide hatten wunderschöne lange, dunkle Haare und nun wurden sie zusammengebunden zu einem Pferdeschwanz, wie es so schön im Volksmund in Deutschland heißt. Enis sammelte mit seinem Vater Holz für den Kamin. Das ältere Ehepaar, denen die Hütte gehörte, erhitzte Wasser in einem großen, uralten blechernen Topf, um eine Milchsuppe zu kochen. Es gab in einem kleinen Verschlag eine Ziege, die für Milch und Käse sorgte. Im Garten hinter dem Haus waren Kartoffeln, Salat und anderes Gemüse angepflanzt. So wurden sie meist satt davon. Esma half der älteren Frau beim Zubereiten und dann saßen alle am Ofen und begnügten sich mit einem einfachen Mahl. Das Wasser musste immer aus dem Brunnen geschöpft werden und heute gab es auch Tee, aus Minze hinter dem Haus. Die Familie überlegte, wie es nun weitergehen sollte, wohin die nächste Route sie führte. Ein bisschen Nomadenleben, aber so ging es schon seit einigen Wochen. Die beiden älteren Leute waren sehr gastfreundlich und boten unseren Reisenden an, noch einige Tage zu bleiben, bis sie sich gestärkt hatten. Die Kinder waren einverstanden und sie spielten mit der Ziege, die auch einen Namen hatte, „Milka". Sie war das Haustier hier und Enis ging zu der Frau und erzählte seine Geschichte von seinem geliebten Abou. Dabei kamen immer mal ein paar Tränen, er schluchzte, sprach dann schnell weiter bis zu dem Tag, wo die Bomben in Aleppo fielen und sein roter Kumpel das Weite suchte. Jetzt war der wunde Punkt wieder getroffen und mitfühlend nahm die Alte den kleinen Kerl in ihre Arme und spendete ihm Trost. Sie erfand, nein, es war die wahre Geschichte über die Ziege Milka, die sie in der Schlucht im Tal gerettet hatten. Sie war am hinteren Lauf verletzt und es dauerte viele Wochen, bis sie laufen und springen konnte. Nun blieb sie hier und gab der kleinen Familie Milch und Käse. Nein, sie hatte hier ihr Gnadenbrot und man hatte auch nicht vor, ihr etwas Böses zu tun. Das Ehepaar hatte die Namen Mila und Milo und sie waren so um die siebzig, führten immer ein karges Leben, waren stets bescheiden und wollten hier auch zusammen alt werden und sterben. Sie hatten eine Idee für unsere Familie, sagen wir mal, einen Plan!

Am 11.10. war der Tag des Volksaufstandes und viele Menschen waren unterwegs, da würden unsere 5 nicht auffallen und Milo hatte Kontakte zu einem alten Bootsführer aus früheren Zeiten. Den wollte er um Hilfe bitten. Man sprach die Amtssprache mazedonisch und die Kinder konnten schon einige Wörter verstehen, ansonsten kamen sie mit Gesten und Mimik, mit Händen und Füßen und einigen Worten klar. In Mazedonien wird auch Romani, türkisch und serbisch gesprochen.

Wie schnell war die Zeit vergangen, der Sommer längst vorbei und nun wehten die

Blätter in bunten Farben, immer noch milde Temperaturen und angenehmes Klima.

Heute war ein besonderer Tag und die liebe Mila wollte Burek vorbereiten, das sind gefüllte Blätterteigtaschen und dazu gab es einen gesunden Auberginenauflauf, ein Nationalgericht, das bekannte Moussaka. Die Bohnen, auch Auberginen, wuchsen im Garten und alles andere hatte sie da, und in der Küche war dieser alte Ofen, sah aus wie ein Pizzaofen, musste mit Holz beheizt werden. Holz war genug da, Bäume rings ums Haus gaben nicht nur Schutz sondern auch Wärme.

Alle freuten sich auf das tolle Essen. Zu lange entbehrten sie vieles, was man in ihrer vertrauten Heimat reichlich kaufen konnte. Milo überlegte und jetzt fiel ihm auch der Weg zu seinem Jugendfreund, dem ehemaligen Kapitän eines Frachters, ein. Etwa 5 km von hier entfernt. Aber mit seinem verrosteten Mofa sollte der Weg zu überwinden sein. Er beeilte sich, um rechtzeitig zum Festessen zurück zu sein. Nach nur 1 Stunde war er auch zurück, heil und das Mofa auch. Gute Nachrichten und so saßen alle auf der maroden Bank an einem hölzernen Tisch, aßen mit Appetit und leuchtenden Augen. Wie schön, Enis strahlte auch und sein Ziel rückte immer näher und der Wunsch, Abou wieder zu sehen, wird ganz bestimmt erfüllt, so erlebte er es in seinen Träumen immer öfter. Nach dem üppigen Mahl ging er zu Milka, seiner neuen Freundin und erzählte ihr, wie er seinen pelzigen Freund bekommen hatte. Es wurde eine lange Geschichte und die Ziege meckerte und zufrieden schlief der Junge ein. Die Ziege, glaube ich, auch. Wie schön, ein besonderer Tag neigte sich dem Ende und alle machten einen zufriedenen Eindruck. Mila besorgte noch einige abgetragene, aber gut brauchbare Kleidung für alle. Das schmutzige Zeug wurde gewaschen, im Garten getrocknet. Wie doch einfache Dinge Freude bereiten können, ein sauberes Hemd oder eine Hose ohne Gebrauchsspuren wie Löcher und geplatzten Nähten. Die armen Schuhe mussten noch durchhalten, jedenfalls bis ins nächste Land, welches Serbien, Kroatien und Slowenien hieß. Danach wollte man durch Österreich. Der ausgediente Frachter, ja den gab es noch und auch den Kapitän dazu, der die Eheleute Milo und Mila schon so lange kannte, seit einem halben Jahrhundert waren sie befreundet und halfen einander in der Not. Jetzt sollten unsere 5 mit diesem Kahn auf dem Meer bis nach Slowenien fahren, ein gewagtes Abenteuer, aber immer noch sicherer, als wenn sie zu Fuß durch Serbien, Kroatien, Mazedonien und nach Slowenien marschieren müssten.

Kapitel 11

Abou und seine Retter auf Samos

Nun waren auch Abou, Wuff und seine Menschen auf Samos gelandet, eine schöne Insel und doch mit viel Traurigkeit verbunden. Erst einmal beachtete man gar nicht unsere vier, es wurde auch nicht gefragt, woher kommst ihr, was wollt ihr hier, nein. Ein Lager, es wimmelte nur so von Geflüchteten aus mehreren Regionen, wieder plötzliches, lautes Geschrei und ein Durcheinander. Jeder wollte der erste sein, etwas Schönes zu essen und zu trinken zu bekommen. Doch unsere lieben vier waren zurückhaltend und nicht fordernd, obwohl ihre Kräfte jetzt auch nachließen und erschöpft sanken sie auf ein schlichtes Lager in einem einfachen schon zerschlissenen Zelt. Nur schlafen, etwas zu kauen und zu trinken. Fadila und Fawad beruhigten die beiden Vierbeiner, sie bekamen auch etwas zu beißen und Wasser. Nicht besonders erfreut waren die Helfer über die beiden Tiere, aber schließlich gaben sie Ruhe und alle schliefen ein. Eine nette Familie in einem Nachbarzelt schaute kurz bei unseren Neuankömmlingen vorbei, sie waren sehr freundlich. Ach, wenn Samtpfote Abou die Menschensprache könnte, würde er jetzt fragen: habt ihr meine Familie gesehen? Ein kleiner Junge mit dunklen Locken und braunen Augen, etwa 5 Jahre alt mit seinen 2 Schwestern auch mit wunderschönen langen schwarzen Haaren, 6 und 7 sind sie, aber er konnte die Sprache nicht. Aber im gleichen Atemzug fing Fadila an, die fremden Nachbarn auszuhorchen, irgendwie ging es ganz gut mit der Verständigung und tatsächlich bekam sie gute Nachrichten. Ja, solch eine Familie war vor kurzem hier gewesen, sind auf dem Weg nach Slowenien, mehr wisse sie auch nicht. Als ob

Abou alles verstanden hätte, miaute er ganz laut, fing an zu schnurren und strauchelte an Fawad´s Wade. Auch Wuff war nicht dumm und ein friedliches Knurren bestätigte die große Freude über diese Worte. Sie lebten und waren alle 5 zusammen. Ein Freudentag für alle und unser Studentenpärchen umarmte die beiden und immer wieder wurde gedankt und geweint, gelächelt und wieder umarmt. Selbst das Knurren im Magen von allen war nun nicht mehr so schlimm. Zum Frühstück gab es einen Brei für alle und auch Tee. Dankbar wurde alles verschlungen und schon wieder machten sie Pläne, wie schnell es doch nach Slowenien gehen würde und welchen Weg sie einschlugen, über Land oder Wasser?

Wuff und Abou spielten vor Freude und einige Flüchtlingskinder tobten mit, sie hatten keine Angst, das mussten sie auch nicht, denn die beiden haben noch niemanden gebissen, Wuff in einen Knochen und Abou hin und wieder eine Maus, wenn er sie dann packen konnte.

So vergingen viele Stunden, Fadila und Fawad machten sich schon große Sorgen um ihre Zukunft, sie wollten beide Lehrer werden. Die Aussichten in Deutschland, Pädagogik zu studieren, waren gut und es gab genug Universitäten, sei es in Bayern, Baden-Württemberg oder in Rheinland-Pfalz. Aber erst einmal dort heil ankommen, sich schnell anmelden, Papiere beantragen, Wohnung finden, eine große Hürde, die sie überspringen müssten. Zum Glück sprachen beide etwas deutsch, was die Sache vielleicht erleichtern würde. Es vergingen unendlich lange Stunden voller Hoffnung und Bangen und Furcht davor, abgeschoben zu werden. Deshalb war es sinnvoll, Menschen zu finden, die auch weiter wollten, den gleichen Weg einschlugen. Mit etwas Glück würden sie schon die Richtigen aussuchen und bisher hatten unsere vier viel Glück. Die beiden jungen angehenden Lehrer forsteten sich durch das Lager, während Hund und Katze im Zelt warteten.

Hier und dort traf man auch Studierte wie einen Arzt, Architekten und Rechtsanwalt. Sahen alle sehr unglücklich aus, aber freuten sich über ein Gespräch. Fadila hatte eine besondere Gabe, Menschen um den Finger zu wickeln. Eben ein Naturtalent und so kam es, dass sie einem jungen Arzt mit Namen Tarek begegnete. Er hatte Tiermedizin studiert und liebte natürlich alle Vierbeiner und auch Vogelvieh, auch die, die keine Füße hatten, Schlangen, denn er hatte eine Zeit lang in einem Tropeninstitut gearbeitet. So tauschten sie Erfahrungen und Erlebnisse aus. Der Gesprächsstoff ging nicht aus. Tarek wollte auch nach Deutschland. Aber erst musste er wie alle anderen über die Balkanroute nach Slowenien gelangen. Und wieder wie sooft hatten sie einen unsichtbaren Schutzengel. Ein Schiff ging in den nächsten Tagen nach Mazedonien und er wollte sich dort als Arzt vorstellen und seine Hilfe anbieten, uns würde er dann mit aufs Schiff schleusen, so war seine Idee. Ob gefährlich oder nicht, darüber machte sich momentan keiner Sorgen, Hauptsache die Reise ging endlich weiter,

 bis das ersehnte Ziel erreicht wurde. Der junge Lehrer und seine Freundin waren voller Zuversicht auf das neue Gelingen. Vielleicht konnte man auf dem Schiff auch arbeiten, diesmal war es kein bombastisches, riesiges Kreuzfahrtschiff, nur schipperte es auf den adriatischen Gewässern. Leise ertönte es: wird schon klappen, wisperten die Schutzengel

.

Kapitel 12

Die Fahrt nach Mazedonien

Nun waren Fawad, Fadila, Wuff und Abou am Hafen, wo das große Schiff vor Anker lag. Tarek hatte gute Kontakte zu einem Lotsen an Bord und man sollte bis zur Dämmerung warten, gegen 22 Uhr wollte es ablegen und kurz vorher mussten alle an Bord schleichen. So kam es auch. Niemand bemerkte unsere kleine Crew. Abou und Wuff verhielten sich mucksmäuschenstill und zuerst versteckten sie sich im Maschinenraum. Das war natürlich keine Lösung. Aber die Reise dauerte nicht lange und der freundliche

Lotse, er war Grieche, war ein cleveres Kerlchen. Er hatte wiederum einen guten Draht zu dem Servicepersonal, seine Freundin arbeitete dort. Die besorgte auch für die hungrigen Mäuler etwas zu Essen. Es ging alles gut und Tarek war schon aufs Deck gegangen, um sich einen Job zu suchen. Weil der zuständige Schiffsarzt nicht kam, keiner weiß, warum, nahm der Kapitän den Vorschlag dankend an, ohne nach Papieren und Zeugnissen zu fragen. Ein Glückstag für den studierten Veterinär. Ohne Glück geht es eben nie und in meiner Geschichte haben viele Menschen Glück, ganz einfach Glück!

Es sei ihnen dreifach gegönnt. Man weiß nicht genau, wie weit die Fahrt für Tarek ging, aber eines war sicher, er verließ irgendwann den Liner und ging aufs Festland und bekam seinen Aufenthalt und auch eine gute Anstellung als Tierarzt.

Alle waren in Mazedonien angekommen und vom dortigen Hafen wurden sie ohne gesehen zu werden, von Bord geleitet durch einem Bekannten, der wieder liebe Retter und Helfer kannte und unsere 4 in seine

Obhut nahm. Natürlich gab es auch hier im Dorf und Umgebung keine Luxuswohnung, einfache Baracken und Holzhäuser. Mit einem nicht so üppigen Mahl gaben sich unsere vier zufrieden, auch glücklich, wieder eine neue Station erreicht zu haben und immer voller Hoffnung, jetzt geht es bergauf. Man sagt so schön, die Hoffnung stirbt zuletzt!

Wohl wahr! Hier im kleinen Dorf nicht weit entfernt von Serbien blieben Fawad, Fadila und Wuff und Abou nur einige Tage. Der Tierarzt hatte sich schon vorher gekümmert und einige Helfer dafür sorgten, dass sie weiterziehen konnten. So war es dann auch und spät in der Nacht erreichten sie Serbien. Geschafft!! Das nächste Ziel würde Slowenien sein.

Kapitel 13

Unsere anderen Abenteurer in Slowenien

Heute im Jahr 2019 sind die Grenzen zu Slowenien, Kroatien, Serbien geschlossen und die Balkanroute wird aufgelöst, so heißt es, aber meine Geschichte hat sich 2012 ereignet, da war es noch anders.

Unsere größere Reisegesellschaft, damit meine ich die Familie Samirius, waren nun in Slowenien, ein Land, welches für seine Skigebiete, Berge und Seen bekannt ist.
Die Töchter und Enis spürten oft ihre Erschöpfung, denn auch für Kinder war

dieses Abenteuer nicht nur eine Herausforderung, sondern anstrengend und mühevoll. Oft mussten sie stundenlang marschieren und mit wenigem auskommen, sei es zu essen oder trinken. Aber ganz tapfer hielten sie mit den Erwachsenen mit und ihre Eltern gaben ihnen immer wieder Kraft, gingen in sich, beteten und sprachen liebe aufmunternde Worte.

Jetzt in Slowenien, wo es wundervolle Landschaften und Seen gibt, mussten die fünf neue Kraft tanken. Zu anstrengend war die letzte Route gewesen. Der lange Marsch, die vielen Menschen, Eindrücke, neue Orte, das Schaukeln der Schiffe durch die hohen, unruhigen Wellen. Oft mussten sie lange ohne Nahrung und Wasser auskommen und Enis kränkelte wieder einmal. Seine Mutter machte sich große Sorgen.

Slowenien, momentan sollte es auch nur ein Zwischenstopp sein, aber erst einmal mussten sie vorübergehend ein Nachtlager finden und mit einem Zeichen von oben fanden sie das auch. Einfach, aber zum Schlafen reichte dieses Zelt für alle. Sie waren nicht die einzigen, die Hunger und Durst hatten und viele Rettungskräfte, auch das Deutsche Rote Kreuz, sorgte für das Wohl der Geflüchteten. Es gab Wasser, Kaffee, Tee und auch Suppen und warme Decken.

Wie bescheiden doch die Familie oder noch bescheidener und nicht fordernd, das wäre besser formuliert, geworden ist. Immer das Ziel vor Augen, wir sind bald in Deutschland, bekommen Arbeit und Unterkunft und Enis betete für seinen kleinen Abou. Dann bekam er neue Hoffnung und wusste, er sieht seinen treuen Freund wieder. Zwischen den beiden gab es diese Seelenverbindung. Die gibt es auch zwischen Mensch und Tier. Ganz bestimmt!

Wenn er traurig war und den Tränen nahe, sagte sein Vater, " Junge, denk daran, er sucht Dich auch, das spüre ich". Sein Vater Hakim konnte ihn gut trösten. Manchmal neckten ihn seine Schwestern Aloe und Alia, aber dann hörte er gar nicht hin und Mutter Esma spendete ihm Trost und gute Worte und schellte die beiden Mädchen.

Jetzt war es schon Mitte Oktober und kühl war der Abend. Viel Auswahl mit der Kleidung hatte man nicht. Das, was sie auf dem Leib trugen, wusch man aus, trocknete es und so ging es Woche für Woche. Die Hilfsorganisatoren und Ärzte ohne Grenzen kümmerten sich um die Menschen in der Not. Es gab auch das eine oder andere warme Kleidungsstück und dankbar zogen sie die Sachen an. Auch wenn Enis eine zu große Hose trug oder Alia in den Pullover reinwachsen musste, meckern gab es nicht!

Die Kinder waren neugierig und suchten Kontakt zu anderen in ihrem Alter und im

Nu waren sie am Spielen, Singen, Tanzen und Lachen. Wie unbeschwert doch Kinder manchmal sind, oft sollten die Erwachsenen von ihnen lernen. In diesem Lager blieben unsere 5 auch nur wenige Tage. Das Fieber vom kleinen Enis sank wieder und seine Mutter atmete auf. Welches Ziel kommt jetzt und wo werden wir landen, das fragte sich Vater Hakim. Österreich war nicht begeistert über die vielen Besucher, so hörte man es überall in den Camps. Aber Hakim hatte noch etwas Geld versteckt und so wollten sie mit dem Zug nach Wien fahren. Ein älterer Sanitäter gab ihm einen Tipp, wie man am besten unauffällig reisen konnte. Man sollte sich ganz normal verhalten, natürlich musste die Kleidung sauber sein. Ein mulmiges Gefühl überkam die Familie, aber da mussten sie durch.

Der Bahnhof in Wien war riesengroß und laut, überall sah man Reisende von hier und dort, ein Ankommen und Abfahren. Die Familie hatte in den letzten schwierigen Monaten etwas Deutsch gelernt und so konnten sie zumindest ein paar Brocken wie

„guten Tag, wir heißen …... und vielen Dank für Ihre Hilfe, leben Sie wohl und auf Wiedersehen". Nun waren sie hier angekommen und wussten nicht wohin? Der Bahnsteig war überfüllt mit Menschen aus vielen Regionen, verschiedene Sprachen und Dialekte, Akzente von allen Regionen jeder Art und ungewöhnlich komisch wurden gesprochen, Kindergeschrei, Babys weinten, aufgeregte Fahrgäste und es wurde ungemütlich kalt. Nun hatten wir schon Ende Oktober und der Herbst zeigte sich in vielen bunten Farben. In Österreich gab es wieder andere Bäume, Pflanzen und Blumen wie in Slowenien. Hier sind die Alpen und dort blühen Edelweiß, Enzian, Heidekraut und wunderschöne Alpennelken. Es gibt viele Steppenheiden und Laubmischwälder. Österreich ist das waldreichste Land Europas, Lärchen, Zirben, Eichen und Buchen in großen Mengen.

In Slowenien konnten sich die Samiris nicht satt sehen an den Olivenbäumen, Palmen und auch Kiefern, Eichen und Linden. Man findet dort weit über sechzig einheimische Baumarten. Die Natur zeigte sich in tollen Farben und Lichtern und unsere kleine Familie erfreute sich daran. Allein nur mal das Olivenöl kosten, das war schon ein Geschenk.

Aber zurück zum Bahnhof in Wien, wieder ein Signal, ein Zug fuhr ein, ein anderer nahm eine Richtung nach Deutschland. Das mussten sie sich erstmal merken. Der hilfsbereite Sanitäter in Slowenien hatte der Familie eine Adresse genannt mit Telefonnummer, aber von wo anrufen. Es sollte Aloe sein und sie schlängelte sich zu einem Mädchen in ihrem Alter, die mit einem Handy ständig herumfuchtelte. Sie bat, sich kurz das Handy auszuleihen und es klappte. Aloe musste sich die Straße gut merken und bat um einen Zettel und schrieb sie auf. Sie hatte in der Schule schon Schreiben und Lesen gelernt, war in der 2. Klasse und es gab auch Deutschunterricht. Das kleine Mädchen mit dem Smart-phone war eine Wienerin und Aloe amüsierte sich über den Dialekt. So etwas hatte sie noch nie gehört, aber beide Mädchen lachten, auch die Mutter der Kleinen war sehr freundlich und zeigte mit der Hand auf Aloe´s Eltern und gab ein freundliches Lächeln hinüber, welches die Samiris erwiderten. Ganz schnell lief Aloe zurück, natürlich bedankte sie sich und schwärmte immer noch von dem tollen Handy. Das wäre ein Traum, so etwas zu haben, aber vielleicht bald in Deutschland, wenn ihre Eltern Geld verdienen würden. Wer weiß!!

Kapitel 14

Wuff und Abou erreichen Slowenien

Der kurze Aufenthalt im serbischen Gebiet gefiel unseren gestrandeten gar nicht, irgendwie waren diesen Menschen streng und ernst. Nun waren sie an der Grenze von Slowenien, sofort wurden sie weitergeleitet. Fawad und Fadila waren geschafft und die Füße schmerzten, alle Glieder taten weh. Sie hatten einen langen Fußmarsch hinter sich. Auch Abou und seinem Freund ging die Puste aus. So kamen einige Leute auf sie zu, winkten und zeigten mit den Händen auf ein Camp, wo unsere vier sich endlich niederlassen konnten. Nur schlafen, dachten sie, aber auch essen und trinken, ja, das bekamen alle und ein anstrengender Tag ging zu Ende. Niemand störte sich an dem lustigen Hund und pelzigen Kater und freundliche Rettungskräfte waren in der Nähe.

Abou schnurrte und Wuff schnarchte sehr laut. Fadila konnte deshalb nicht sofort einschlafen. Angeschmiegt an ihrem Freund überkam sie dann doch die Müdigkeit und träumte von einer großen Universität, vielleicht in Rosenheim oder Freiburg. Ihr Wunsch, Kinder zu unterrichten, war so groß, dass sie jedes Wagnis auf sich nehmen würde. Selig schlummerte sie bei ihm bis zum nächsten Morgen. Alle wurden durch einen Riesenkrach geweckt. Es gab einen Unfall, zwei Autos hatten einen Aufprall, ein Jeep und ein Transit mit Flüchtlingen darin. Gott sei Dank wurde niemand ernsthaft verletzt. Auch die slowenische Miliz kam sofort und nahm alles auf. Angstvoll lugten unsere vier aus dem Zelt. Dort drüben stand ein großes Zelt mit vielen Holzbänken. Man konnte sich etwas zu trinken und zu essen holen und auch hinsetzen. Abou war in einem Gebüsch, sein Geschäft hatte er erledigt und fing sogar eine kleine Maus zum Frühstück, die er zum Teil verschlang. Fadila ging mit Wuff auch am Gebüsch lang und suchte eine passende Stelle für ihn zum Morgengeschäft, sie hatte etwas Plastik dabei, so wie sie es aus Aleppo beim Gassigehen kannten. Ordnung muss sein. Niemand störte sich an den Tieren, hier und dort waren auch andere Haustiere, eine Katze, Ziege und sogar ein Schaf unter den Menschen im Camp. Viele mussten aber ihre geliebten Vierbeiner zurücklassen, nur nicht daran denken, wie schrecklich!

Wenn Abou und Wuff wüssten, wie nahe sie der anderen Familie waren. Die waren immer einen Schritt voraus und man konnte sich gar nicht begegnen, aber warten wir es ab. Kismet wird es richten. Alles im Leben ist einem vorbestimmt, schon während der Schwangerschaft entscheidet sich vieles, was den kleinen Ehrenbürger erwarten wird. Und natürlich bei den Tieren, Hund und Katze, nur nennt man es Trächtigkeit, aber auch die kleinen Welpen im Bauch der Katze und Hündin haben ein Schicksal und das ist das Kismet.

Natürlich ist es immer möglich, selbst ein wenig Einfluss zu haben, aber die Tiere folgen ihrem Instinkt, nur die Menschen machen manchmal vieles Schönes kaputt, sei es die Natur, den Wald, die Täler, Wiesen und Blumen. Auch den Tieren gegenüber sind sie sehr unachtsam, böswillig, herzlos. Sie sehen nicht die Dankbarkeit in den Augen der Fellnasen und Hunde, sogar Nutztiere geben Liebe und Wärme zurück. Nur sehen die Zweibeiner das nicht, weil sie keinen Bezug zum anderen Wesen haben. Aber gerade diese Menschen werden auch im Leben ihre Strafe bekommen, ganz gewiss. Und das allerschlimmste sind die Kriege, meist geht es nur um die Religion und Macht. Warum das so ist, wir werden es nie begreifen, doch Tatsache ist, Millionen von Kindern, alten Menschen, jung und alt

sterben in diesem Gemetzel einen sinnlosen Tod und natürlich auch die Vierbeiner auf diesem Kontinent.
Grausam und ohne Achtung vor dem Leben!

Deshalb und gerade darum wünschen sich unsere Gestrandeten ein neues friedvolles Leben, wieder glücklich zu sein, Fadila und Fawad einen tollen Job später in einer Schule in Deutschland und wenn die Zeit soweit ist, eine große Familie mit kleinem Häuschen und Garten. Und Wuff, der nun vor sich hindöste, träumte von einem Riesenknochen und passenden, drolligen Hundedame? Abou´s Traum natürlich, von seinem jungen Herrchen auf dem Arm getragen zu werden, gestreichelt, dann spielen und fangen, all das, was er jetzt unendlich vermisste. Wenn Abou wüsste, wie nahe er doch seinem kleinen Enis schon war, welch eine Freude wäre das, aber warten wir es ab, es wird noch spannend!

Wuff und Abou waren unzertrennlich und gaben sich gegenseitig Kraft für ein neues Abenteuer. Beide hatten es von klein auf nicht leicht gehabt, aber das Schicksal meinte es gut mit ihnen und sie fanden ein Heim bei lieben Menschen.

Hier in Slowenien sah man nicht so viele Hunde und herrenlose Katzen wie daheim. Vielleicht mögen sie hier nicht so gerne Tiere, wer weiß. Nun waren einige Tage im Camp vergangen und Fadila und ihr Freund hatten Schwierigkeiten, sich an das Klima und die Einheimischen sofort zu gewöhnen, wieder eine neue Sprache, wieder andere

Temperaturen und soviel an Kleidung hatten sie nicht dabei, um zu wechseln. Vieles war schon sehr abgenutzt und durch das Waschen sehr verblichen. Aber egal, wer guckte hier schon nach Mode und Schönheit, Hauptsache, es gab eine warme Mahlzeit, zu Trinken, ein Dach über den Kopf und Medizin, wenn der Kopf schmerzte, die Erkältung kein Ende nahm. Es war jetzt fast Winter und die Temperaturen sanken auf 4 Grad, in Syrien wäre es noch wärmer. Wuff hatte sich erkältet und er hustete und nieste im Wechsel. Fawad besorgte etwas Medizin, er bekam Hustensaft, nachdem er dauernd dem Sanitäter etwas vorgehustet hatte. Sein Schwindel flog Gott sei Dank nicht auf. Abou tröstete seinen bellenden Freund und schnurrte ihm stundenlang was vor. Alles wird gut, miaute er und da mussten selbst die beiden verliebten Studenten lachen.

Kapitel 15

Das Schengenabkommen

Der Vertrag zum Schengenabkommen wurde schon 1985 unterzeichnet und zwar in Schengen in Luxemburg. Seit 1995 gibt es den Schengen-Raum. Da existieren die Grenzen zwischen den europäischen Staaten nur auf den Landkarten. Da über 400 Millionen Bürgern aus 26 Mitgliedsstaaten die Freiheit eingeräumt wird, sich ohne Pass – und Grenzkontrollen sowie in einem einzigen Staat frei sowohl immer als auch außerhalb des Gebietes zu bewegen, da in allen Ländern die allgemeinen Rechte auf Reise – und Bewegungsfreiheit Gültigkeit haben.

Obwohl Ungarn auch dazugehört, wollte es keine Migranten, auch Österreich sperrte sich dagegen, ist schon traurig, aber auch das hatte sich bald verändert.

Wenn alle Länder, die diesem Abkommen beigetreten sind, an einem Strang ziehen würden, gäbe es keine überfüllten Camps und Lager. Leider können sich oftmals die Politiker einiger europäischen Länder nicht einigen und deshalb gibt es dieses Hin- und Her. Menschen dürfen doch nicht wie 3. Klasse behandelt werden. Letztlich sind doch einige Staaten daran beteiligt, dass es diese Atomkriege gibt, die sinnlos und schrecklich enden.

So wie es auch unsere vier getroffen hat, die sich noch in Slowenien aufhielten. Es ist ungewiss, wann sie das nächste Land und Ziel erreichen würden. Schwierig würde die Route durch Österreich sein, da müssten sie höllisch aufpassen, aber ihr Schutzengel begleitete sie   und so musste es einfach klappen. Noch einige Tage würden vergehen, bis die kleine Truppe weiterkonnte. Man sollte mit einem Bus nach Österreich fahren, dort konnte man sie weiterleiten in ein kleines Städtchen nahe bei Wien. Einige unruhige Nächte folgten und dann kam der besagte Tag- X-: Unsere Kleinfamilie mit Hund und Katze fuhr ganz früh in den Morgenstunden Richtung Wien. Einige nette Helfer waren im Bus, aber auch unfreundliche, missmutige Leute fuhren mit und sorgten für schlechte Stimmung. Ein Schimpfen und heiße Diskussionen ums Geld gab es im Bus. Die Sprachen vermischten sich, ein wenig arabisch, slowenisch, auch deutsch konnte man vernehmen.

Kapitel 16

Ankunft Österreich

So sehr lange dauerte diese Busfahrt nicht und nun war man in dem schönen Österreich. Das Ziel, ein kleiner Ort, etwas abgelegen und in einem alten großen Bauernhaus würden alle wohnen. Wie schön, flüsterte Fadila zu ihrem Freund. Irgendwie ist es heimisch, fühle mich jetzt schon wohl, erwiderte Fawad. Ein freundliches Ehepaar begrüßte sie ganz herzlich auf ihre Weise und in einer unbekannten, nie gehörten Sprache, es klang österreichisch und man musste zweimal hinhören, um es zu verstehen. Den Vierbeinern war das egal, hatten eh ihre eigenen Hunde – und Katzensprache. Sie schnüffelten und beschnupperten alles gründlich, beim Kater nennt man es Revier. Heute war es nicht so kalt und die Sonne zeigte sich sogar von ihrer guten Seite. Ein freundlicher Tag und so sollte es auch bleiben. Drinnen in den Stuben war es sehr gemütlich warm und bald bekamen sie auch eine einfache, aber üppige Mahlzeit und zur großen Freude von Wuff, es gab einen Knochen. Da hatte er Wochen von geträumt. Die netten Hüttenbewohner hatten auch einen Hund, einen Berner Sennenhund, ganz lieb und zutraulich und er begrüßte auch Abou mit einem Schwanzwedeln. Der hielt trotzdem etwas Abstand, weil dieser Riesenhund ihm Angst machte. Abou verkroch sich hinter Fadila und machte sich an sein Schälchen mit Milch zu schaffen. Das war wie Weihnachten und im Märchen zugleich. Dann zeigte man ihnen das Lager, eine kleine Stube mit einem Kamin, eine große Liege stand darin und alles war mit Teppichen ausgelegt. Ideal für Wuff und seinen Kater. Auch ein kleines Waschbecken war dort, wie schön, richtig gute Seife, bemerkte Fadila und freute sich schon auf eine Wäsche. Wie oft mussten sie in den letzten Wochen sich Wasser aus dem Brunnen aufteilen und immer guckten andere zu, wenn man die Wäsche wechselte. Hier war es anders.

Balu, ein toller Name, so hieß unser neuer großer, vierbeiniger Freund, war ganz aus dem Häuschen und wartete geduldig vor der Stubentür in der Hoffnung, sie geht auf und Wuff käme heraus. So war es auch, Fawad ging mit ihm eine Runde ums Haus und Balu trottete gemächlich hinterher. Freude in seinem Gesicht und ein Bellen zur Begrüßung und es wurde genauso liebevoll erwidert. Abou war schon etwas eifersüchtig.

Kapitel 17

Enis und seine Familie in Wien

Nach einer anstrengenden Zugfahrt mit paar Mal umsteigen waren sie hier am Hauptbahnhof in Wien. Nun folgten sie der Adresse des netten älteren Sanitäters aus Slowenien. Es war nicht so weit vom Bahnhof entfernt und man konnte zu Fuß dorthin. Es sah aus wie eine Fabrik, dieses alte Gebäude. Nein, es war eine ehemalige Firma, die geschlossen hatte und hier hausten für bestimmte Zeit Flüchtlinge aus allen Regionen. So wie die Familie Samirius auch. Das Gebäude innen war schwach beleuchtet und einige Helfer waren auf die Etagen verteilt, um Ordnung und Ruhe zu bewahren. Enis und seine Schwestern mussten noch etliche Treppen steigen, bis sie in einem Raum, der alles andere als gemütlich war, ankamen. Hier sollten sie einige Tage, vielleicht Wochen, verbringen. Esma und Hakim waren schon sehr verzweifelt, versuchten aber, es vor ihren Kindern zu verbergen. Der Hunger war so groß, dass die vorbereitete Speise nicht lange auf dem Teller blieb, es gab eine Suppe, mit ganz vielen Griesnocken, also Grießklösschensuppe auf Deutsch. So etwas kannten sie nicht, aber es schmeckte gut. Es gab Tee zum Trinken und endlich nach dem Essen konnten sie ausruhen, in jedem Zimmer standen mehrere Liegen. Nach der Katzenwäsche in einem schlichten Bad auf dem Gang wollten alle einfach nur schlafen und nichts anderes als schlafen. Vielleicht war der nächste Tag nicht so schlimm wie vermutet und so sollte ein neuer Morgen erwachen für unsere fünf aus Aleppo.

Wenn Enis wüsste, dass nicht allzu weit entfernt sein roter Kumpel schlummerte, er würde hüpfen vor Freude und Purzelbäume schlagen. Beide Familien dem Ziel so nahe und doch noch nicht gefunden, aber unsere Geschichte ist noch längst nicht zu Ende und wartet voller Überraschungen.

Der neue Tag war erwacht und auch unsere Zufluchtsuchenden. Muffige Zimmer, alles so erbärmlich einfach und nicht sauber, wahrscheinlich haben vorher schon einige Flüchtlinge hier stopp gemacht. Aber was half es, die Mädchen und Enis gingen zum Waschbecken und so gut es ging, machten sie die Morgenwäsche. Ein sauberes Shirt und Unterhose und Socken waren fällig, danach noch einen Pullover drüber und dann konnten sie zum Frühstücksraum laufen, 2 Etagen tiefer. Ihre Eltern waren jetzt auch soweit und an einem großen Holztisch mit Holzbänken wurde ein schlichtes Mahl eingenommen, es gab Marmelade, Weißbrot, Margarine, Kaffe oder Tee. Insgesamt saßen ca. 20 Menschen in diesem Raum. Wieder ein Durcheinander der Sprachen, syrisch, arabisch, englisch und auch deutsch. Am besten ist immer noch die Zeichensprache und die Kinder hatten sowieso keine Probleme damit. Schnell wurden innige Freundschaften geschlossen, zusammengespielt, gelacht und geweint.

Was stand nun heute auf der Tagesordnung? Freiwillige, ehrenamtliche Helfer kamen herein und boten uns Kleidung, die noch gut erhalten war, an. Dann konnte man ganz unten parterre in diesem Haus, da war ein Büro eingerichtet, sich etwas Geld holen und wurde in eine Liste eingetragen für die nächste Abfahrt nach Deutschland. So wie es aussah, vergingen noch gute 14 Tage bis zum nächsten Reiseziel, diesmal dann mit einem Bus. In diesem Büro bot man unseren Gästen auch so eine Art Lebensmittelkarten an, die in einem nahe gelegenen Geschäft einzulösen waren. Die Kinder erhielten Bonbons und Schokolade, welch ein Genuss und die Erwachsenen konnten sich etwas alkoholfreies mitnehmen oder Kekse und auch Zahnpasta und Seife. Wirklich wie im Krieg, nur hier war keiner! Mittagessen konnten sie alle samt in dem besagten Frühstücksraum und auf dem Speiseplan standen Nudeln mit Tomatensauce. Für die Kinder ein Traum, welches Kind mag nicht Nudeln? So machte man sich Gedanken, was in vierzehn Tagen passieren würde, ob der Bus auch kam und sie dann endlich nach Deutschland konnten. Alles noch mit einem Fragezeichen? Kismet? und offen. Nur nicht nachdenken oder grübeln, einfach freuen auf die neue Heimat. Inzwischen hatten Enis und seine beiden Schwestern Spielgefährten gefunden, regelmäßig trafen sie sich im Untergeschoss, dort gab es einen großen Raum mit Tischen, wo die Kinder malen, rechnen und spielen konnten. Eine Tafel mit Kreide stand auch in der Ecke und so versuchten die Kids, ihre Namen auf diese Tafel zu schreiben. Ein schöner Zeitvertreib.

Kapitel 18

Rosenheim naht

Die 14 Tage sind so schnell vergangen und unsere fünf aus Aleppo freuten sich an diesem Montag auf ihre Weiterreise. Es hieß, eine lange Strecke mit dem Bus, dann mussten sie in den Zug in Oberaudorf umsteigen und der fuhr sie bis Rosenheim. Ganz aufgeregt waren heute die drei Kinder, hatten kaum gefrühstückt, nur nach langem Drängen der Mutter verschlangen sie dann doch noch ihre Brote. Heute wurden auch viele Butterbrote mit Käse geschmiert für die Fahrt nach Rosenheim. Trinkflaschen füllte man voll mit Tee und Wasser. Die Reise sollte ca. 5 Stunden dauern, das war überschaubar. Sie hatten in den letzten Wochen viel längere Routen, die so beschwerlich waren, hinter sich, ein Kinderspiel im wahrsten Sinne des Wortes, was jetzt folgte.

Aufregung und wieder laut sprechende Menschen standen vor dem Bus, darunter auch geflohene aus Eritrea, Syrien und Afghanistan, alle Sprachen und Dialekte vermischt, auch wienerische Dialekte der vielen hilfsbereiten, ehrenamtlichen Helfer waren auch dazwischen. Ein großes Stimmengewirr aus afrikanisch, syrisch, englisch, arabisch und vielen anderen Sprachen. Esma hatte schon Kopfschmerzen und der kleine Enis fieberte erneut. Alles war zuviel für den tapferen syrischen Jungen. Die Strapazen der letzten Monate, die Aufregung und Sorge um seinen geliebten Kater Abou. Ein Helfer vom Roten Kreuz verteilte Medikamente und Frau Samirius schluckte eine Kopfschmerzpille und Enis bekam dann ein Fieberzäpfchen. Danach ging es beiden bald besser. Nun konnte die Fahrt beginnen. Ein neues Abenteuer, ein neues Ziel.

Die Stunden vergingen sehr schnell und bald erreichte der Bus sein Ziel:
Oberaudorf, dort stiegen alle in einen ICE nach Rosenheim. Einige Kontrollen wurden durchgeführt. In kurzer Zeit erreichte der Zug die Stadt und unsere 5 und die anderen Fahrgäste aus dem Fernzug wurden in die

Bundeswehrkasernen weitergeleitet. Vorher verteilten Passanten Wasserflaschen und Süßigkeiten an die Neuankömmlinge. In einer Nebenhalle fanden dann die Registrierungen statt, ein „Muss".

Sämtliche Turnhallen in Rosenheim waren wohl zu dieser Zeit von anderen Flüchtlingen belegt. In den Kasernen ging es laut her, Pritschen, alte Sofas und Gästebetten waren aufgestellt, überall wimmelte es nur so von Einwanderern. Jeder, natürlich alle wollten einen Schlafplatz, manche rangelten sogar darum, aber unsere syrische Familie wartete bescheiden auf die helfenden Leute, dem Roten Kreuz und anderen humanitären Einrichtungen. Dann standen sie vor ihrem vorläufigen Bett, eine Matratze und Decke und Laken, sowie Kopfkissen für jeden. Hoffentlich müssen wir hier nicht solange bleiben, jammerten Aloe und Alia. Enis war im Moment nicht so ansprechbar, er wäre schon fast wieder eingeschlafen. Es ging ihm nicht gut und seine Mutter war in voller Sorge. In dieser Kaserne konnte man sich verlaufen und die freiwilligen Soldaten halfen, wo sie nur konnten. Sie kümmerten sich ganz liebevoll um die Kinder, egal welcher Herkunft. Ein großer langer Soldat nahm den kleinen Samiris an die Hand und zeigte ihm alles, was so bei der Bundeswehr wichtig ist und seine Augen wurden immer größer und sein Fieber war plötzlich weg. Auch die große Küche war sehr interessant, ganz viele Kochtöpfe und Geschirr und die großen Herde und Spülmaschine, so etwas hatte Enis noch nicht gesehen. Hier wird für alle gekocht, meinte der Hüne und zum Knirps sprach er auf bayrisch, der verstand nur die Hälfte. Heute sollte es Eintopf geben mit viel Gemüse. Nach der vielen Aufregung und Begrüßung versammelten sich alle in dem großen Speisesaal. Das Klappern der Teller und Schüsseln, die Kinder schlugen die Löffel gegeneinander, als ob sie Musik und auf sich aufmerksam machen wollten. Alle redeten durcheinander, noch schlimmer wie in der Schule, riefen die Mädchen. Vater Hakim war ganz ruhig geworden, ihm war alles zuviel, diese Unruhe, Hektik, er wollte nur seine Ruhe haben, aber wie sollte das in diesem Chaos funktionieren. Erst nach dem Essen beruhigten sich alle und es herrschte jetzt Ordnung und wurde leiser. Still wäre zuviel gesagt, aber nun waren viele satt und zufrieden suchten sie ihr neues, nächtliches Lager, um zu schlafen.

Mittlerweile waren einige Wochen in der schönen Hütte in Österreich vergangen und die 4, Fawad, Fadila, Wuff und Abou hatten die Stunden dort genossen. So liebevoll wurden sie umsorgt und Balu, der große Haushund, war ein treuer gemütlicher Vierbeiner. Seine Freude über Wuff war groß und die beiden verstanden sich auch gut, nur Abou hatte nach wie vor Manschetten vor ihm, er war einfach zu groß für den kleinen Kater und deshalb beäugte er ihn lieber von weitem. Es war nun an der Zeit, Abschied zu nehmen und die Studenten & Co mussten weiterziehen, sie hatten sich für Rosenheim entschieden. Ein netter Nachbar der älteren Herrschaften wollte sich bereit erklären, die vier nach Rosenheim zu bringen. Im Moment wurden die Grenzen kaum kontrolliert und so durfte diese Tour nicht so gefährlich und schwierig sein. Er hatte ein großes Auto, einen Ford-Transit in dunkelblau, Platz genug für alle. Das bißchen Gepäck und das, was sie am Leib trugen, passten zweimal hinein. Die nette Wirtsfrau hatte im Dorf einige Sachspenden wie Kleidung und Schuhe aufgetrieben. Sie holte einen alten Koffer aus dem Keller und verstaute alles ganz gut und liebevoll packte sie eine große Wurst und Brot sowie Käse in einen Stoffbeutel für die Wegzehrung. Balu war ganz aus dem Häuschen, er spürte den Abschied und sein Freund Wuff würde ihn verlassen und er blieb dann allein. Zwei mal versuchte er, in den Transit zu springen, aber sein Herrchen stoppte sein Vorhaben. Tränenreicher Abschied, diesmal von überall und von allen Seiten. Das junge Studentenpärchen weinte, die netten Wirtsleute hatten feuchte Augen und sagen wir mal, die Hunde jaulten ein wenig , na und Abou war der einzige, der ruhig blieb, ganz gelassen sogar und er hörte seinen Schutzengel sprechen:" Bald siehst Du deine Familie wieder, ganz bestimmt, gib die Hoffnung nicht auf." Natürlich hat er nie die Hoffnung aufgegeben und in seinem kleinen Katzenherzen war sein treuer Begleiter Enis ganz fest verankert. Der Nachbar hupte schon, weil die Zeit drängte und nun ging es zügig und mit vielem Winken nach Rosenheim. In ca. 4 bis 5 Stunden würden sie die Stadt in Bayern erreichen und ahnungslos, was auf sie zukommen könnte, fuhren sie zum genannten Ziel. Ein neues Camp oder das erhoffte Zuhause, wer weiß?

Sein Ziel so nahe, erreichte unser Team „Wuff & Co" Rosenheim. Auch sie mussten in die Kasernen und holter die Polter ging alles sehr schnell. Das Pärchen quartierte sich mit den beiden Vierbeinern ein. Erschöpft und keine Kraft mehr ergaben sich die vier ihrem Schicksal. Egal, was kommen würde, hier erst einmal in den Räumen waren sie vor Gefahren sicher, vor Kälte, Regen und Unwettern. Nichts- ahnend, dass in einem anderen Raum die Familie Samirius weilte, schliefen unsere Geflüchteten ein. Natürlich gab es vorher noch Abendbrot und

Tee. Selbst in der Nacht wurde getuschelt, gehustet, gestolpert, weil die Toiletten nicht im Raum waren. In den Gängen der Kaserne konnten sich manche verlaufen. Die Toiletten waren einfach, aber momentan sauber und daneben gab es Waschräume, auch mit Duschen und Handtüchern und Seife. Hier war nie Ruhe und nur, wer schlief, kriegte das Gemurmel und Flüstern und Laufen nicht mit. Unsere kleine Mannschaft zum Beispiel, denn die schlief fest wie ein Bär. Einige unter den Insassen waren krank, die helfenden Sanitäter waren vor Ort und ab und zu kam auch ein Krankenwagen, der die Patienten ins nahe liegende Krankenhaus brachte. Es herrschte schon eine gewisse Ordnung in diesem großen Gebäude. Überall waren auch Soldaten, die sich freiwillig meldeten, um zur Hand zu gehen.

In der großen Kasernenküche halfen nun auch einige Frauen der hier Asylsuchenden beim Vorbereiten und Kochen und auch Geschirrspülen. Fadila packte oft mit an, dann kam sie auf andere Gedanken. Abou ging es heute nicht gut, sein Auge tränte, wohl doch kein Katzenschnupfen? Aber der Sanitäter beruhigte alle, eine ganz normale Erkältung wie bei den Menschen auch. Wuff schlich immer um seinen Kumpel herum und leckte ihn ab, was der Kater offensichtlich genoss. Ein Herz und eine Seele, sagt man im Volksmund. Am nächsten Tag ging es allen schon besser und der Tag sollte noch einige Überraschungen bringen. Erst einmal kam die Bundespolizei und wollte die Neuankömmlinge registrieren. Panik und Aufruhr bei den Menschen, aber nach kurzer Zeit hatten alle keine Angst mehr, denn die Beamten bemühten sich um schnelle Abwicklung und waren einigermaßen freundlich und gelassen, reine Routine. Das Registrieren geschah in einem großen Raum im Erdgeschoss und dauerte seine Zeit. Selbst die Tiere, die hier anwesend waren, wurden kontrolliert. Doch für Quarantäne war jetzt keine Zeit, zumal die Flüchtlinge nicht sehr lange in den Kasernen bleiben sollten.

Heute, im Jahr 2019, bleiben die Geflüchteten nur 2 Tage in den Kasernen und werden dann aufgeteilt.

Stunden vergingen, ein ständiges Kommen und Gehen, Gelächter, Weinen und Jammern in der Kaserne, aber bald beruhigte sich die Lage, und die Stimmung bei den Bewohnern wurde zunehmend besser. Fadila hatte den ganzen Tag in der Küche geholfen und Fawad bewies sich als Übersetzer, Helfer und Deutschlehrer. Er vermittelte zwischen den verschiedenen Migranten, Menschen die aus fremden unterschiedlichen, entfernten Gebieten kamen. Es machte ihm sogar Spaß und so verging auch sein Tag wie im Flug. Die beiden Vierbeiner spielten draußen auf dem Kasernenhof. Dort gab es auch Rasen und mehrere Kinder spielten Fußball, Fangen und auch für die ganz kleinen hatten sie provisorisch einen Sandkasten gebaut. Eifrig wollten Abou und Wuff mittollen, aber manche Kinder hatten Angst und so zogen sie im wahrsten Sinne des Wortes Leine.

Einige Helfer bekamen mit, dass Fawad die deutsche und syrische und englische Sprache beherrschte und so versprachen sie ihm, bald eine Arbeit zu suchen, natürlich musste vorher noch eine vernünftige Bleibe her, aber da wollten sie mit den Behörden verhandeln. Es gab in diesem Camp, nennen wir es mal so, auch mehrere Sozialbetreuer, die Vorort waren und sich sehr um alle bemühten. 200 Menschen waren schon in dieser Kaserne und wenn es auch noch überschaubar war, viel Arbeit kam auf alle Einsatzkräfte und freiwilligen Helfer zu. Inzwischen war es Anfang Dezember, aber noch keine Kälte und für die Jahreszeit viel zu mild. Trotzdem brauchte jeder hier wärmere Kleidung. Dafür sorgten dann Mitarbeiter des Roten Kreuzes und verteilten Mäntel, Jacken und Pullover, Mützen, Schals und auch warme Schuhe. Für jeden war etwas Passendes dabei. Wuff und Abou bekamen auch einen kleinen Schal und bellend und schnurrend nahmen die beiden das Geschenk an und Fadila band ihnen den kunterbunten Schal um den Hals. Der Winter konnte kommen.

Und auch Weihnachten war nicht mehr weit entfernt. In Syrien gibt es viele Christen und die Geschichte dieser Konfession im heutigen Syrien hat ihren Ursprung im alten Antiochien, heute Antakya. Dort wurden nach der Apostelgeschichte die Jünger Jesu zum 1. Mal Christen genannt. Auch christliche Wallfahrtsorte sind dort zu finden. In der Vorweihnachtszeit stecken die syrischen Kinder einen Wunschzettel in einen Strumpf. Gespendet wird gebrauchtes Spielzeug oder Kleidung. Die Kirchen lassen es dann den Bedürftigen zukommen. Am Heiligabend kommen viele Familien nach dem Kirchgang zusammen und ein Großteil kleidet sich traditionell neu ein. Auch ein geschmückter Weihnachtsbaum, meistens künstlich, wird aufgestellt. Um Mitternacht wünschen sich alle „Frohe Weihnachten" und die Geschenke werden von „Papa Noel" gebracht. Aber als der Krieg begann, flohen viele Christen in andere Länder.

Kapitel 19

Freudige Überraschung

Heute begann ein neuer Tag wie immer, aber es sollte ein ganz besonderer Tag werden, den die Samiris und das Studentenpärchen nie in ihrem Leben vergessen würden.

Wieder wurden freiwillige Helfer aus den Kaserneninsassen und Bewohnern gesucht für leichte Arbeiten im Garten und auch Hausmeistertätigkeiten, wie Glühlampen wechseln, Betten aufstellen, Tische und Stühle umstellen. Vater Samiris meldete sich sofort. Endlich mal was anderes und raus aus dem Trott. Er hatte in Aleppo soviel repariert, gerne auch bei den Nachbarn. Manchmal war es der marode Gartenzaun, die alten, losen Dachziegel, der tropfende Wasserhahn. Die Liste war lang und geschickt war er allemal. Alle dankten ihm und wenn es ein Lob gab, kam er stolz zurück und berichtete von seiner Arbeit. Alle freiwilligen Helfer und ehrenamtlichen Kräfte versammelten sich im Erdgeschoss, darunter war auch Esma und Fadila, die schon in der Küche ausgeholfen hatte. Beide Frauen waren sich sofort sympathisch. Sie kannten sich nicht aus Syrien, so klein war die Stadt Aleppo nun doch nicht. Beide sprachen dieselbe Sprache. Abou war oft in der Nähe von Fadila, er liebte sie sehr, sein neues Frauchen. Auch an diesem Morgen schlich er ihr hinterher und was nun kam, war gigantisch. Er hörte die Stimme von Esma und wie ein Blitz rannte er auf sie zu und um ihre Beine herum. Esma guckte zur Erde und es blieb ihr fast der Atem stehen, so überrascht war sie. Mein kleiner Kater, ach nein, Du kannst es nicht sein, oh doch, Du bist es tatsächlich. Sie hob ihn hoch und Abou´s raue Zunge begrüßte sie mehrmals. Gut, dass keiner den Kater bemerkte, in die Küche durfte er nicht! Was wird nur Enis sagen, der wird Augen machen. Sie weinte und lachte im Wechsel und jetzt erst begriff Fadila, was hier los war. Auch sie weinte vor Freude und konnte ihre Augen von diesen beiden Wesen nicht lassen. Sie sprach zu Esma, gleich, wenn wir unsere Aufgaben erledigt haben, eilen wir in den 2. Stock zu Wuff, und natürlich Deiner Familie. Ungeduldig mussten sie noch einige Minuten ausharren, aber dann war es soweit. Schnell und außer Puste rasten sie die Treppen hoch, Stiege für Stiege. Zweimal wären sie fast gestürzt, so schnell spurteten sie wie in einem Rennen,

aber alles ging gut und sie erreichten die große Wohnküche und den Schlafsaal. Auch der Kater hatte es geschafft, nach oben.

Dann der große Augenblick, Abou sprang sofort zu seinem Enis, schmiss ihn fast um. Da, der kleine Junge breitete beide Arme aus und schrie vor Freude, mein Kater ist wieder da, endlich, da bist Du ja, wo warst Du solange? Seine Tränen kullerten über das kleine rosige Gesicht. Alle um ihn herum verstanden ihn nicht, er sprach eine fremde Sprache, syrisch, aber wichtig war, Abou verstand ihn sofort und sein Schnurren war nicht zu überhören und strauchelte seinem kleinen Herrchen um die Beine. So ging es fast 10 Minuten. Inzwischen waren auch Fawad, Hakim, die Mädchen Aloe und Alia herbeigeeilt, jetzt trottete auch Wuff hinterher. Esma musste ihren kleinen Sohn beruhigen, aber der Jubel war zu groß und er hörte natürlich nicht auf seine Mutter. Immer wieder rief Enis, mein Freund, mein Kumpel, mein lieber, kleiner Kater ist wieder da. Ich liebe ihn so sehr und habe es gewusst, er wird mich finden. Seht nur her, es ist wirklich wahr, kein Märchen. Was bin ich froh und es gibt doch noch Wunder. Danke mein Schutzengel, Du warst immer in seiner Nähe und hast ihn beschützt. Du doofer Krieg, was hast Du nur gemacht, so schimpfte er dann ganz laut. Bald hatte er keine Stimme mehr und wurde heiser. Aber keiner konnte ihn davon abhalten, seine geliebte rote Samtpfote auf dem Arm zu tragen. Auch viele von den anderen Bewohnern staunten nicht schlecht und waren sichtlich gerührt von diesem Schauspiel. Wuff, nun endlich, sich jetzt auch meldete, wollte immer an Enis hochspringen, der hatte noch Angst, weil er sich mit Hunden nicht so auskannte. Aber Fawad erklärte ihm rasch, dass Wuff das liebste Tier auf Erden war und er mit Abou immer Seite an Seite ging. Da beruhigte er sich sofort ganz schnell und streichelte den schwanzwedelnen Vierbeiner. Alle waren sehr aufgebracht und total aus dem Häuschen.

Der heutige Tag gab Anlass zum Feiern. Die Stimmung war bei vielen Flüchtlingen auf dem Höhepunkt. Einige meinten, na ja, nur ein Kater, was soll diese Aufregung. Andere wiederum, die auch ein Tier hatten, es nicht mitnehmen konnten, waren vor Tränen gerührt. So endlich setzten sich alle zum Mittagessen gemeinsam an einen Tisch und die Helfer brachten zusätzlich zu dem Essen noch Schokolade und Bonbons für die Kinder, auch Limonade. Die Erwachsenen bekamen heute alle eine extra große Portion Gemüse und Abou und Wuff ein Leckerli in ihren Napf. Sogar Musik klang aus einem Radio und einige wollten auch tanzen, was aber auf später verschoben wurde. Die Arbeiten mussten erst verrichtet werden und Vater Hakim sollte alle Wasserhähne überprüfen, Fadila ging jetzt erneut in die Kasernenküche, Esma half im Garten. Fawad übersetzte fleißig, wenn seine Hilfe nötig war und Fadila kümmerte sich um einige Kinder, denen es nicht so gut ging. Die Sanitäter kamen und untersuchten die erkrankten, kleinen Patienten. Oft war es das Halsweh, ein Schnupfen, Fieber oder auch ein kaputtes Knie vom Toben im Kasernenhof. Wuff musste heute auch verarztet werden, er hatte sich seine Hinterpfote verstaucht, zu oft ist er die Treppen hoch und runter gerannt, als alle aufgeregt durcheinander liefen. Aber ein kleiner Verband half und nun musste er etwas ruhiger liegen, fiel ihm schwer. Enis schmuste stundenlang mit seinem wieder gefundenen treuen Freund. Beide sprachen dieselbe Sprache. Wer von weitem zusah, musste einfach lächeln und sich mit den beiden freuen. Es herrschte wieder eine gewisse Ordnung in allen Räumen und jeder war beschäftigt und das war auch gut. Dadurch verging die Zeit bis zum Abendbrot rascher. Inzwischen waren Abou und Enis eingeschlafen und die beiden gaben ein friedliches Bild, schön, einfach nur schön. Glücklich gesellte sich auch Wuff dazu. Ohne jemanden zu wecken, lag er vor den Füßen von dem kleinen Jungen, mit einem Auge blinzelnd zu Abou, als wollte er sagen, na, wie fühlst Du Dich jetzt, mein Freund ? Wie sollte der sich fühlen, wie auf Wolke sieben, von vielen Seiten, geliebt, gestreichelt und beobachtet. Soviel Anerkennung, das war schon selten und langsam fühlte sich Wuff vernachlässigt und dachte: „Ich bin auch noch da und vielleicht will mal jemand mit mir Gassi gehen". Das hörte und spürte wohl sein Herrchen und Fawad ging mit ihm in den großen Garten zu einem ausgiebigen Spaziergang. Groß genug war der Hof und der schlaue Vierbeiner war nun auch glücklich.

Kapitel 20

Neue Wege für alle

Es vergingen noch einige Tage und Weihnachten rückte näher und wie auch schon erwähnt, waren alle Kinder aufgeregt und die aus Syrien wollten ihre Wünsche aufschreiben und in einen Strumpf packen.
Hier im Camp gab es verschiedene Nationen und dementsprechend auch ihre Bräuche. In Afghanistan fällt Weihnachten flach. Wenn afghanische Christen trotzdem feiern, müssen sie höllisch aufpassen, sie riskieren ihr Leben. Nur der Schnee im Dezember erinnert an Weihnachten. In Serbien fällt Weihnachten auf Silvester, denn der orthodoxe Glaube kennt weder einen Weihnachtsmann noch Weihnachtsbaum. Als anerkannter Feiertag ist dort der 7.Januar. Im Irak gab es bis zum Krieg 1,4

Millionen Christen, jetzt sind es nur noch 300 000.

Weihnachten ist dort am 24.Dezember, beginnt bereits schon am 25.November, dauert einen ganzen Monat lang. In Badnjak wird ein Baumstamm angezündet und mit Wein besprenkelt. Kabeljau ist das Weihnachtsgericht. In Eritrea ist auch am 7.1. Weihnachten, es gibt Honigwein und alle Menschen sind in weiß gekleidet.

Im Kosovo ist es Brauch, auf einen Klotz zu malen und zu ritzen, der Christklotz. Er bringt Gesundheit, Wohlstand, Reichtum und Fortschritt.

Und nun zu Albanien, dort berührt man das Stroh und bindet es um die Obstbäume, um eine gute Obsternte zu sichern. Dann verteilen die Menschen Almosen auf die Gräber ihrer Verstorbenen wie Käse, Sahne, Joghurt, Brot und später verteilen sie es an die Armen.

So sind die Sitten in vielen Ländern anders und erstaunlich, auch sehr beeindruckend. Wir in Deutschland übertreiben es wie immer mit allem zu Weihnachten. Nicht nur, dass die Wünsche der Kids immer dreister werden, nein, Geschenke über Geschenke, obwohl fast jeder Haushalt genug von dem Zeug hat. Auch die üppigen Mahlzeiten müssten nicht sein und das 3 Tage lang. Oft erholen sie sich nicht davon, haben Kilos zugelegt, oft kriegen sie Sodbrennen. Und gestritten und geweint wird viel, total verfehltes Weihnachtsfest. In den Häusern, wo noch Armut herrscht, ist wenigstens Freude, Friede und Dankbarkeit.

Heute war der 15.12. 2012 und die Bundespolizei war nun mit dem Registrieren fertig. Es war abzuwarten, was jetzt passierte. Die Ämter in Rosenheim hatten alle Hände voll zu tun, waren genervt von dem vielen Papierkram. Manche waren schon in Weihnachtsstimmung und hatten wohl nicht mit dieser Menge Arbeit gerechnet. Aber das musste sein. Ungewiss war auch, ob unsere beiden Familien Weihnachten in der Kaserne blieben oder schon ein neues Heim bekämen. In Rosenheim sollten Zweifamilienhäuser vermietet werden auf 3 Etagen mit 20 Zimmern mit je 15 m². Da sollten die Migranten und Asylbewerber einziehen. Es gab woanders in der Nähe noch mehrere städtische Asylbewerberunterkünfte. Alles schwierig und nicht so schnell lösbar. Auch gab es Verträge mit dem Landratsamt, wo Hausbesitzer, Gästehäuser und private Anwohner Wohnungen vermieten konnten. Diese Verträge wurden auf mehrere Jahre abgeschlossen. Die Wohnungen sollten jedoch beziehbar sein mit funktionierenden, sanitären Einrichtungen.

Familie Samirius war immer bescheiden und stellte wie immer auch jetzt keine gehobenen Ansprüche. Ihnen sollte eine kleine Wohnung mit 2 Zimmern, Küche und Bad reichen. Natürlich musste auch Abou mit, ohne ihn ginge gar nichts. Unsere Studenten mit ihrem Hund Wuff mussten schon sehen, wo sie eine Unterkunft mit ihrem Vierbeiner bekämen. Nicht alle sind hundefreundlich. Aber bisher hatten sie alles mit ihrem Hund durchgestanden, so sollte auch das gelingen. Im Vorteil waren sie schon, weil sie deutsch sprachen und beide das Lehramt studierten. Rosenheim suchte auch Lehrer und die Uni war in der Nähe. Mit ein bisschen Glück und einer Portion Zuversicht würde das sicher klappen. Nun nahte das Weihnachtsfest und so wie es aussah, mussten alle unsere Syrier noch in der Kaserne bleiben. Es waren zu viele, die eine Wohnung und Bleibe suchten. Geduld war angesagt und Gelassenheit, nicht ganz einfach!

Aufgeregt ging es Tag für Tag hin und her. Die Helfer vom Sozialdienst stellten tausend Fragen, Fawad dolmetschte und dadurch gab es einen reibungslosen Ablauf. Viele Formulare mussten ausgefüllt werden. Unsere Familien fuhren mit Begleitung zu den Ämtern, Papierkram ohne Ende, aber in Deutschland geht es nun mal nicht ohne. Nur manchmal könnte es doch schneller gehen, dachte Fadila. Jüngere Menschen haben nicht die Geduld, zumal sie in diesem Fall große Pläne und Ziele verfolgen. Esma mit den Kindern und ihr Mann waren da geduldiger. Sie lebten schon jahrelang sehr einfach und waren immer mit dem zufrieden, was sie hatten. Vielleicht meint das Schicksal es eines Tages gut mit ihnen und sie können wieder vielleicht in ihr geliebtes Aleppo zurück, wer weiß!

Kapitel 21

Weihnachten in der Kaserne

Zwei Tage vor Heiligabend gab es einen kleinen Zwischenfall im Lager. Einige widerspenstige, übermütige Jugendliche wollten unbedingt Alkohol kaufen, hatten aber keinen Cent. So stahlen sie einem Pärchen das bisschen Gesparte und liefen in einem nahe gelegenen Supermarkt, wo sie sich Bier holten. Die Kassiererin war misstrauisch wegen dem Alter und rief die Polizei. So kam der Diebstahl schnell heraus und sie wurden mit den Beamten zurück in die Kaserne gebracht. Diskussionen ohne Ende und da die beiden Jungs Reue zeigten und das Geld zurückgaben, durften sie bleiben. Glück gehabt, aber mit einer saftigen Strafe müssten sie beim nächsten Mal rechnen. Ein ehrenamtlicher Helfer verdonnerte sie trotzdem zum Küchendienst und das für eine lange Woche. Mit einer Entschuldigung bei den Bestohlenen zogen sie sich bestürzt in ihre Zimmer zurück. Nur weil Weihnachten war, fiel die Strafe doch etwas milde aus, betonte nochmals der Sozialarbeiter. Ansonsten ging es auf allen Etagen, Stockwerken ziemlich friedlich zu. Keine Prügeleien oder Angriffe, manchmal hitzige Gespräche und die Stimmen wurden lauter, aber das arabische Temperament kann man mit dem der Deutschen nicht vergleichen. Die Bayern sind sowieso etwas gemächlicher und gemütlicher.

Wehmut, Traurigkeit und Besinnlichkeit war heute an diesem 24.Dezember angesagt. Wie gerne wären alle in ihrem alten Zuhause mit der Familie und Freunden zusammen. Vater Hakim und Esma erinnerten sich an ihre Geschwister, die zurückgeblieben sind oder auch geflüchtet oder sogar vermisst wurden. Keiner sprach den Satz aus, nicht mehr am Leben sind. Auch Neffen und Nichten und liebe Nachbarn waren in den Gedanken der Familie. Nein, heute wollten sie nicht mehr trübsinnig sein, sich auf Weihnachten freuen mit allen Migranten, die hier den Tag verbrachten. Das schönste Weihnachtsgeschenk war nun mal Abou und so glücklich hatten sie ihren kleinen Sohn schon lange nicht mehr gesehen. Die Frauen Fadila und Esma halfen bei den Vorbereitungen in der Kasernenküche. Heute gab es eine Suppe als Vorspeise, eine Hühnersuppe mit etwas Gemüse darin. Dann servierten sie das Hauptgericht. Bayerisches Würstel mit Kraut oder Kartoffelsalat. Viele aßen die Würste nicht, allein aus Glaubensgründen und so hatte Wuff einen Tag wie im Schlaraffenland. Hier und da schmissen sie ihm einige Würstel unter den Tisch. Jetzt sagte sein Frauchen aber „stopp", sonst würden sie vorne wieder herauskommen. Nicht jedermanns Sache, aber bei so vielen Nationalitäten konnten man keine Sonderwünsche berücksichtigen. Süße Leckereien standen auf den Tischen wie Stollenkonfekt und Plätzchen. Auch Abou verschlang zwei von diesen braunen Dingern, aber dann war er schon satt.

Wasser, Limonade für die Kinder und Tee in rauen Mengen standen auch bereit. Jeder sollte sich satt essen, immer wieder trug man Würstchen und Salat aus der Küche herein. Ganz hinten in der Ecke stand sogar ein Tannenbaum, schlicht geschmückt von den Soldaten und als Überraschung kamen mehrere Soldaten an die Tische und sangen ein Weihnachtslied. Jedes Kind bekam eine Tüte mit Süßigkeiten, wie schön. Alia und Aloe stürzten sich gleich auf ihre Tüte, nur

119

Enis hielt sich zurück, er war immer noch mit seinem roten, pelzigen Freund beschäftigt. Der genoss die Streicheleinheiten, er war im Katzenmärchenland und es war kein Traum. Die beiden Mädchen Alia und Aloe hatten ihm eine Weihnachtsmütze aufgesetzt und weil er so drollig damit aussah, bekam Wuff auch eine. So wurde die Stimmung und Laune bei vielen besser, ein Lächeln zog über die Gesichter der kleinen Bewohner, egal welcher Herkunft sie waren. Auch die Erwachsenen tauschten sich untereinander aus in verschiedenen Sprachen und einige trauten sich, sogar zu singen. Tränen in den Augen bei Frau Esma und Vater Hakim und Fadila ließ auch Gefühle zu, nur ihr Freund zeigte sich sehr ernst, so war er eben. Fawad grübelte sehr oft und in seinem Kopf schwirrten tausend Gedanken, wie wird wohl unsere Zukunft sein, das neue Jahr, was bringt es Gutes?

Kapitel 22

Das neue Jahr und der Papierkram

Ein altes Jahr ging zu Ende und ein neues war bereit. Auch in unserem großen Kasernencamp wurde ein bisschen gefeiert, es heißt ja überall Silvester. Alle Helfer hatten viel zu tun. Die Frauen halfen in der riesigen Küche und putzten alle Räume und Zimmer. Die Männer waren mit dem großen Kasernenhof beschäftigt, kehren, die Wege säubern, sogar die Autos der Helfer nahm man sich vor. So hatte niemand Langeweile. Auch im Haus fielen kleine Reparaturen an wie Glühlampen wechseln, Waschbecken und auch Toilettenbecken wurden gereinigt. Hier und da tat es auch Not, eine Klobrille zu wechseln bei solch vielen Menschen, die dort täglich ein und ausgingen.

Ware wurde geliefert und jeder Handgriff war hilfreich. Die Kinder konnten auch heute draußen spielen, es war relativ mild für die Jahreszeit.

Am Silvesterabend gab es Wunderkerzen und Schokolade stand auf allen Tischen. Feuerwerk wurde nicht gestattet, zu groß war die Gefahr, sich zu verletzen, schließlich liefen doch mehrere kleine Kinder umher und die Jugendlichen sollten nicht auf dumme Gedanken kommen.

Syrien feiert auch wie die Europäer das neue Jahr, ist dort ein wichtiges Fest. Es wird etwas „Weißes" gekocht wie Fisch.

In Afghanistan gibt es einen ganz anderen Kalender als in der westlichen Welt, den Sonnenkalender, also 3 Monate, wenn der Winter vorbei ist, läutet Nouruz das neue Jahr ein, das bedeutet auf deutsch „Tagundnachtgleiche". Dann ist bei uns Frühling. Die Orthodoxen feiern das Neujahrsfest am 14.01. und oft wird nur ein Gottesdienst abgehalten. So unterschiedlich sind die Bräuche und hier in diesem Lager konnte und wollte man nicht auf alle Sitten, Bräuche und vertrauten Gewohnheiten der unterschiedlichsten verschiedenen Nationen Rücksicht nehmen. Was auch sehr schön für die Muslime war, es gab eine

Turnhalle anstelle einer Moschee zum Beten.

So war wenigstens ein bisschen Heimat und Tradition möglich, immerhin. Ohne große Zwischenfälle oder Randale endete nun das alte Jahr und wer mochte und sich traute, wünschte sich viel Glück für das neue Jahr. Einige umarmten sich doch sehr innig, vor allem die Kinder hatten sichtlich Freude an diesem Abend. Die beiden Familien saßen eng bei einander und tauschten schöne Erinnerungen aus ihrer Heimat aus. Wuff und Abou lagen zusammengerollt und schnarchten um die Wette.

Auch in Rosenheim machten die Behörden erst wieder nach Neujahr auf. Im Rathaus sitzt die Migrationsberatung und alle Mitarbeiter unterstützten die Fragenden bei ihren ersten Schritten in Deutschland, sei es bei der Suche nach Sprachkursen   -
Fragen zur Schule und Bescheinigungen   -
Anerkennung von Hauptschule, Realschule -
und Berufsabschlüssen aus dem Heimatland -

Arbeit und Fragen zum Aufenthalt -

Ehe und Familienangelegenheiten -
Kindergartenplätzen und sozialen Kontakte
Hilfe beim Ausfüllen von Anträgen und
vieles anderes mehr.

Fadila und Fawad waren da schon im Vorteil,
weil sie deutsch und englisch sprachen und
relativ schnell hatten sie einen Termin mit
einem Sozialarbeiter in der Rathausstrasse.
Ganz aufgeregt und mit roten Gesichtern
erschienen sie an einem Donnerstag dort.
Vorfreude und auch Angst spiegelte sich in
ihren Gesichtern wieder. Sie wollten endlich
weiter zur Uni gehen und dort ihr Studium
für Pädagogik fortsetzten. Die Mädchen Aloe
und Alia passten inzwischen auf den Bello,
nein Wuff, auf. Sie spielten mit ihm,
während der Kater selig in den Armen vom
kleinen Enis schlummerte. Beide hatten es
sich auf einem Bett bequem gemacht, was
niemanden störte. Es dauerte schon einige
Stunden, ehe die beiden angehenden Lehrer
zurückkamen. Sie sprachen ganz freudig und
viel zu schnell, dass sie erst einen Pass und
eine Bleibe haben müssten und erst dann
konnten sie sich auf einen Platz an der

Universität bewerben. Schon traurige Nachrichten und doch voller Hoffnung wollten sie abwarten. Für die Samirisfamilie war es dann doch schwieriger. Vater Hakim hatte zwar aus früheren Jahren eine Ausbildung zum Tischler gemacht, aber nie so richtig in diesem Beruf gearbeitet. Oft ist er mit dem LKW durch die Städte gefahren und hat Waren bei einer kleinen Spedition befördert. Diesen passenden Führerschein dafür hatte er und vielleicht kam ihm das hier in Deutschland doch zu Gute. Mal sehen und Daumen drücken. Seine Frau bot sich an, als Reinigungskraft oder auch als Küchenhilfe zu arbeiten, nur Geld verdienen, das war das Ziel der beiden und endlich eine kleine Wohnung mieten, wo ihre 3 Kinder mit Kater eine schöne sichere Zukunft hätten. Ein bisschen deutsch hatten sie auf den langen Routen und Reisen schon gelernt. Mal sehen, was noch alles passierte, erneutes Schicksal – Kismet?

Es vergingen etliche Tage und dann kam die freudige Nachricht, dass beide Familien eine Wohnung bekämen, sogar im selben Haus.

Jubel und Fröhlichkeit bei allen, sei es Enis mit Abou, die beiden Studenten mit Wuff und Hakim mit Frau und Töchtern. Sogar die Tiere waren erlaubt, welch ein Glücksfall! In dieser Siedlung etwas außerhalb der Stadt standen schon länger einige Häuser leer und wurden saniert und für die Flüchtlinge reserviert, wenn man es so nennen kann. Keine Neubauten, aber recht manierlich im ganzen, Küchen und Bäder waren auf jeden Fall vorhanden und unten war ein Innenhof mit einem großen Sandkasten mit Rutsche und einer Schaukel. Ringsherum wuchs Rasen, der natürlich auch gemäht werden musste und so freute sich Vater Hakim auf die Gartenarbeit. In Aleppo war es immer seine Aufgabe, alles schön ordentlich

und ansehnlich zu gestalten und das konnte er sehr gut. Kurz darauf zogen alle in das Haus mit Garten dort ein.

In den Zimmern der Kinder standen Etagenbetten und ein kleiner Schreibtisch mit Stuhl. Das Wohnzimmer hatte ein bequemes Sofa, sogar Fernseher, Tisch und Stühle waren vorhanden. Eine kleine Eckbank in der Küche mit passendem Tisch reichte völlig aus, um alle Mahlzeiten einzunehmen. Familie Samirius war stets bescheiden und die Eltern erzogen ihre drei Kinder liebevoll und auch ohne Luxus und Sonderwünschen. Denn dafür hatte das Einkommen in Syrien nie gereicht, aber auf dem Küchentisch stand immer eine warme Mahlzeit und die Kinder hatten saubere ordentliche Kleidung und natürlich auch einen Schulranzen. Abou musste nie hungern, immer bekam er verdünnte Milch und sein ausgiebiges Trockenfutter aus dem Supermarkt. Da die Wohnungen in dem Reihenhaus, es gab jeweils sechs an der

Zahl, nur 2 Zimmer hatten, schliefen Hakim und Frau Esma im Wohnzimmer auf dem ausziehbaren Sofa und die drei Kids teilten sich ein anderes Zimmer. Erst machten sie doofe Gesichter, aber dann herrschte nach einigen Diskussionen Waffenstillstand zwischen ihnen. Zuvor stritten die drei Kinder, wer wo schläft und man knobelte um die Betten, ein Etagenbett und eine kleine Liege standen zur Auswahl.

Jetzt war es schon fürchterlich kalt und dann und wann fielen Schneeflocken. Die Kinder hatten schon warme Hosen und Schuhe an, aber richtig frostig war es noch nicht. Fawad und Fadila wohnten rechts im Erdgeschoss und gegenüber ihrer lieb gewonnenen Familie mit Samtpfote. Wenn es Abou zu langweilig war, sprang er auf das Fensterbrett, wo Wuff wohnte und kratzte solange an die Scheibe, bis jemand öffnete. Dann hüpfte er zu dem Hund und legte sich einfach dazu. Die beiden verstanden sich auch ohne große Worte. Enis sollte bald in die Schule gehen, na ja bis zum Sommer musste er noch warten, dann waren die

Einschulungen auch in Rosenheim. Vorher hatte er im April Geburtstag und konnte seinen ersehnten 6. Geburtstag feiern, ungeduldig zählte er jeden Tag die Stunden und schrieb es auf, immer wieder! Hakim und Esma wollten in den nächsten Tagen ihre Mädchen an der Schule anmelden, das war wichtig. Überhaupt war der Vater der Meinung, dass auch Alia und Aloe eine sichere Zukunft verdient hätten. Beide Mädchen waren sehr gut in den Fächern Deutsch, Biologie und Mathematik. Das Praktische war, die Schule erreichten alle in 10 Minuten zu Fuß. In beiden Wohnungen rückten sie die wenigen Möbel so zurecht, wie sie es mochten und Fadila und Esma brachten schöne Gardinen an die Fenster. Diese hatten sie aus der Nachbarschaft geschenkt bekommen. Einige Anwohner waren neugierig und begrüßten sehr freundlich unsere Fremden aus Aleppo und immer und ganz lange tauschten sie wieder Gespräche untereinander aus. Von Mann zu Mann, Frau zu Frau und natürlich auch die vielen Kids von 5 bis 10. Kinder sind da unbefangener, einfach spielen, toben und alles andere wird sich, so meint es das Schicksal, schon finden. Natürlich gibt es immer schwarze Schafe darunter. Eine Nachbarstochter beschimpfte die Familien, aber deren Eltern entschuldigten sich abends dafür. Ihr Mädchen war erst 11 und pubertierte wie eine Erwachsene, sah wesentlich älter aus und immer fuchtelte sie mit ihrem Smart-Phone umher. „Seht her, was ich habe und Ihr nicht" oder sie stolzierte vor den Häusern in ihren neuen Designer-Klamotten, ganz einfach, um ständig nur anzugeben. Vielleicht erhielt sie zu Hause zu wenig Aufmerksamkeit und Fürsprache. Ihre Eltern arbeiteten viel und als Einzelkind war sie oft allein. Aber sie schien für Alia und Aloe und den Knirps sowieso zu alt, deshalb beachteten sie sie gar nicht, was das Mädchen, sie hieß Verena, wütend machte. Immer erneut posierte sie wie ein Model. Schon traurig, dachte Fadila, sie sucht nur Anerkennung, morgen wollte sie mal mit ihr sprechen, ganz unverbindlich.

Kapitel 24

Der Alltag im neuen Heim

Mittlerweile war es April und am 6. hatte Enis Geburtstag. Da die Wohnung sehr klein war, beschloss man, auf der Terrasse zu feiern. Monate vorher gab es nur Regen, etwas Schnee, wenig Sonne, aber der April zeigte sich zum Anfang von seiner guten Seite. Milde Temperaturen erlaubten eine kleine Geburtstagsparty für den tapferen sechsjährigen Jungen. Er durfte einige Kinder aus der Nachbarschaft einladen, mit denen er sich inzwischen angefreundet hatte. Ein Junge aus Bosnien und sogar ein lustiger, türkischer Freund kamen zum Gratulieren. Mutter Samiris hatte Harise gebacken, einen syrischen Zitronen-Grieskuchen, der im Nu alle war. Dazu machte sie den Kindern Tee und auch Limonade stand auf dem Tisch. Die

Erwachsenen tranken Kaffee und die beiden Hausherren prosteten sich mit einem Bier zu. So verging ein toller Tag und da das Geld immer noch knapp war, versprach man Enis, dass er einen ganz schicken Schulranzen bekäme.

Tag für Tag ging Hakim zum Amt, auch zum Jobcenter und erkundigte sich nach einer erfüllten Tätigkeit und hatte sogar Glück. Die Stadt suchte einen tatkräftigen Mann, der sich um die Parkanlagen kümmern sollte. Erst einmal 4 Wochen zur Probe und es gab sogar Geld dafür. Als er nach Hause kam, strahlte sein Gesicht und alle freuten sich mit ihm.

Die beiden Studenten konnten zum nächsten Semester einen Studienplatz bekommen und endlich ihr Studium zum Lehramt fortsetzen. Ihr Ziel rückte immer näher. Mutter Esma passte in der Zeit, wo sie zur Uni gingen, auf Wuff auf. Auch sie hatte Glück. Da sie sehr gut nähen konnte, bot sie ihre Dienste in der Nachbarschaft an, Hosen kürzen, umsäumen, Kleider eng und weiter machen. Inzwischen hatte sie eine ältere Nähmaschine, zwar gebraucht, aber gut erhalten und so bekam sie einige Euros für das Schneidern. Was soll ich sagen, manchmal überlegten beide Familien, eventuell zurück in die Heimat zu kehren, wer weiß. wenn der Krieg in Syrien endgültig vorbei wäre, nicht nur Waffenstillstand!

So traurig diese Geschichte begann und unsere Hauptfigur, Kater Abou, der tapfer sein Katzenschicksal in die Pfote nahm, so unsagbar schön und mit gutem Ausgang endet sie hier.

Abou sagt miau, das heißt soviel wie danke!

Danke

Dieses Buch ist auch für all die Menschen und Personen in meiner Geschichte, die Namen natürlich frei erfunden, die eine ähnliche Situation erlebt hatten und für alle helfenden Hände, die dort in den Flüchtlingslagern am Ort ihre Hilfe anboten.

Natürlich wie immer sollen auch die Tiere nicht zu kurz kommen und deshalb erfahren Kater Abou und sein wuschliger Vierbeiner Wuff viel Gutes in diesem Roman.
Danke denen, die auch unermüdlichen Einsatz in den Camps und Auffanglagern leisteten.

Alles Liebe
Silvia Wobschall